新世紀へのメッセージ

谷口清超

日本教文社

はしがき

新世紀はどんな時代かというと、今始まったばかりで、世間では色々な観測が行われているようです。科学文明がもっと発達し、地球以外の星にも住めるかも知れないとか、別の惑星か彗星が地球に衝突して、その衝撃で太陽の光が蔽い隠され、気候の大変化で、多くの人間や動植物が死ぬだろうという説もあります。

それとは反対に、地球の温暖化がより一層進むため、世界中の海面が上昇して、多くの沿岸都市が水没し、人類は苦しみ悩み、文明は退化するということも予想されています。これはとても暗い話でして、少子化現象と共に、何とかして阻止したいものです。

しかしそれが出来るかできないかは、ひとえに人間の「心」にかかっている、

というわけで、新世紀は「心の時代だ」とか「宗教の時代だ」とも言われていま
す。つまり「心」が我《わ》がままで、自分たちの欲望ばかりのさばらせていてはダメだと、多くの人々が気付きつつあるという訳です。

そんなことからかも知れませんが、平成八年ごろから『産経新聞』でも夕刊紙上に、宗教人たちに何か「語ってくれ」というわけで、私にも月一回ぐらいずつ小論を求められました。その小論を年月ごとに順を追って集めたのがこの本です。

各章の題は全て『産経新聞』の編集者から出されたものですが、いつも丁度その月の題名にふさわしいのを出して来られるので、感心しながら書いたものでした。ところが各小論の長さは、十八字詰めにして四十七行、合計八百四十六字以内などときめられましたので、削ったり何遍も書きかえたりして、字数合わせをしました。

だから一つの小論の中では、言い足りないことも沢山ありましたが、それでも平成八年八月から十三年の三月まで続きましたから、全体を集めてみると「新世

紀へのメッセージ」となるかと思います。ある題名を短文で書くということは、長文を書くよりも、ずっと難しいものですね。

それと同じく講話や演説でも、長々としゃべるよりは、短く切り上げるのが好ましいようです。その上新聞紙上では、宗教に関心のない人にも読んでもらうために、難しい専門用語は使えませんし、「生長の家」という言葉も入ってはいません。発表当時の新聞用語のままで、読みにくい漢字にはルビではなく（　）に入れ、それ以外は各章ごとの終りの空間に注として入れてあります。

わが国には今沢山のマスコミ各社が出版・放映し、パソコンでも全世界と情報交換ができるようになりました。しかしやはり新聞報道という活字メディアは、出版活動と共にとても大切な情報を伝え、記録性や思想性がありますので、二十一世紀でもますます大切な役割を果たすと思います。

その結果、時には思想的に偏向した（と思われる）紙面も見られますが、毎日朝早くから夜おそくまで見られる「新聞」は、しっかりした信頼性の高いものを選ぶことが大切だと思います。世界には国定の新聞や教科書が一つきりという国がある中で、日本などの民主主義国で、民営のメディアが沢山あるということは、とても幸せなことだと言えるでしょう。

つまり二十一世紀は「選択の時代」とも言えるし、夫々の個性が尊重される時代でもありますから、各個人も「心」によってよい運命や行動を選びとることを心掛けたいものであります。結局は各人が、「何を思い、何を信ずるか」ということを真剣に考え、自己決断をする時代——ということになるのでしょうね。

最後にのせた「赤い弓と矢の話」という童話は、新聞社から「童話」と出された題名の章を、もっと分かりやすくしたいため、昭和二十七年に発表したものを再録しましたから、これも読んでみて下さい。

平成十三年八月十七日

谷口清超しるす

新世紀へのメッセージ——目　次

二　平成十年に「語る」

三　平成十一年に「語る」

四 平成十二年〜十三年に「語る」

五 赤い弓と矢の話

一　平成八年〜九年に「語る」

国際貢献

日本に来た外国人が、「日本人は正直だ」ということがあります。カバンを駅に置き忘れても取りに行ったら、ちゃんとそのまま置いてあったとか、買物をしても正札[1]通りに売ってくれたとか、あふれるほど品物があっても、盗る[2]人がいないとか……。

そうでない実例やインチキ行為をする人もいるのですが、良い点を見て「正直だ」と言われると、大変嬉しいものです。これは全ての人の心に「人に喜ばれたい」という思いがあるからに違いありません。

国と国との間にも、同じような心があるものですから、Aという国がその他の国々によいことをしてあげたり、喜ばれる国になるということは、Aという国家の喜びであり、Aをより一層すばらしい国に高め上げる結果になるのであります。それに反して、Aが自国の利益ばかりを考え、B国やC国等々に迷惑をかけたり、平気で仲違いをやっていると、国際関係は悪化しA国は孤立して、やがて国内政治や経済も衰退するに違いないのです。

かつての原始時代には、各部族が孤立し、度々戦争や対立があったようですが、歴史が進むにつれて交易が始まり、自給自足ばかりではなく、「他給自足」が進み、「自給他足」の状態が促進されて来ました。

現代では鎖国状態の国はごく少数になりましたが、このような国もやがて何らかの形で国際社会に参加し、他国のためになる産物を輸出したり、自国に必要な物品を自由に輸入するようになって行くでしょう。つまり「自給自足」という概念は、すばらしい徳目というわけではなく、やむを得ない過渡期的状態だったと言わなければなりません。

この原則は、物質的な産品ばかりではなく、哲学や宗教、文学、芸術、科学等に於いても同じことが言えるでしょう。それ故各国は一層国際貢献に努力しつつ、「与え合う悦び」を共有し、個性ある国家たるべきであると思う次第です。

1　正札＝しょうふだ
2　盗る＝とる

子供

人間には多くの場合何人かの子供がいて、次第に大きくなり、やがて歳を取って死ぬということになるものです。だから全（すべ）ての人は、「子供」を経験したことがあり、しかも子供のころに、親から生き方の根本を教えられますね。

何時から教えるかというと、子供がまだ母親のおなかの中にいるころからでして、父や母の使うコトバの調子を胎内で聞き、そのイントネーションなどを覚えるのですから大したものです。生まれたての赤ちゃんでも、母の声と別の人の声とを、ちゃんと聞き分ける。だから永く父親と離れて生まれた赤ちゃんは、父の声を知らないで生まれる訳（わけ）であります。

その貴重な妊娠時に、もし父や母が「おろそうか……」などと話し合っていると、その雰囲気はとても拒絶的で、最大級の〝いじめ〟を経験するのです。勿論（もちろん）貯金をおろそうという話ではないのですから。

しかしそんな時でも、生まれた赤ちゃんは父母を慕い、何でも言う通りにしようとする。するとその子供に根気よく〝わがまま〟を教える親もいます。食事を与える時、「これが好き？」「これは嫌い？」などとしつこく聞いたりするでしょう。

「わが家はいつも子供が中心です」

などという家庭では、子供はまるで王様で、御主人などは眼中にない。帰宅しても、中心はやはり子供ですね。すると子供はすっかりわがままに育ち、電車に乗っても、大人よりもまっ先に座る。やがてその前に年寄りや妊婦さんが立っても、そ知らぬ顔で居眠りするという〝不可解な光景〟

が展開されるのです。

一方、ちゃんと躾（しつけ）られ、正しく訓練された子供たちは、実にすばらしい各種の才能を発揮します。こうして国のため、世界のため、全生物の発展と保護のために働くという、大きな使命を果してくれるようになるものです。

私達は、こんな神の子らしい「子宝」を充分沢山どんどん生み育てて、明るい日本を築いて行きたいものであります。

肉体

人は皆「自由と平等」を求めていると言えるでしょう。しかしこれらも、肉体が人間だと考えると、不可能ではありませんか。肉体は一人一人みな違っていて、背の高い人や低い人、そして皮膚の色も、顔形も、男女の差もあり、決して平等ではないからです。

たとえ双子でも、詳しく見ると皆ちがっていますね。しかも「平等」でありたいと思うのは、実は肉体が人間ではないからです。心の奥底では、この事実を認めている。だから「平等」と「自由」を求めるのだと言えるでしょう。

では「肉体」は何かというと、これは人間の使うとても便利な「道具」です。吾々は自動車に乗って遠方へ行ったり、自転車で買い物に出掛けたりするが、同時に「肉体」を使ってどこへでも行くことが出来ます。車では石段は登りにくいし、木に登ることはできない。が、肉体という乗り物では、それも出来るし、泳ぐことも出来る。もっとも少し練習する必要がありますが。

その上、肉体は「万能工作器」のように、土を掘ったり、編物をしたり、機械をあやつって建設作業をするし、遂にはパソコンまでいじり出した。目を使って映像を写しとり、耳で聞き、それらの情報を頭の中に記憶するのです。

こんな便利な「万能の道具」が一体何億兆円で買えるかというと、世界各国の年間予算を全部つぎ込んでも、一個も買えないのです。つまり、人間は皆、生まれつきの〝無限億万長者〟であると言えるでしょう。

これが分かるためには、肉体を人間と考える固定観念を棄て、人間は肉体の持ち主の〝主人公〟であり、「魂」であり「霊」であると自覚する必要があるのです。それを神性と言い仏性とも言いますね。しかも人間は肉体ではないから、肉体が死んでも死なないで生き通している。「実在界」（本当の世界）にいる「神」（神の子）であり、「仏」（仏子）であると言う外はありません。それが自由で平等な、〝本当の人間〟なのですから、多くの人々にこの自覚を持つことを、心からおすすめする次第であります。

虫

虫という字には色々の意味があるようです。もとは蛇[1]の形を文字にしたものですが「蛇が虫か」と言われると、返答に窮するでしょう。しかし蛇の字は虫偏ですから、そうだと答える外はありませんね。さらに難しいのは、人間の中に「弱虫」がいて、最近とかく「いじめ」の対象になっていますが、実はいじめる方も「弱虫」なのです。本当の「強虫[2]」は、人をいじめるものではないからです。

つまり人間も虫と関係があるらしく、「腹の虫がおさまらない」とか、「虫が好く」などとも言いますね。大昔は人間のことを裸虫と言い、甲虫はカメなど、魚類は鱗虫[3]、鳥は羽虫、獣は毛虫と言ったそうで、要するに動物全体が虫でした。もしも今、熊や狼を毛虫と言ったら、ずいぶん変な人だと思われるでしょうね。

ところで常識通りの虫について話しますと、実は昭和五十八年八月十日の『産経新聞』に、〃鈴虫の子〃と題して、こんな「朝の詩」がのったのです。

『ことしも
小さな鈴虫の子が
生まれたのです
霧を吹くと
小さいくせに
一人前の恰好して

長いひげのしずくを
しごくのです
親もいないのに
生きてゆくのですね
私が聞いてあげましょう
美しいあなたの声を』

これは私の家内が作った詩ですが、彼女は今も毎年鈴虫を育てて、色々な人にあげるという「特殊な趣味」を持っています。そこで私は時々、「何よりも鈴虫を愛してるね」と批評しますが、とにかく愛することは良いことです。それがわが子だけとか、人類だけというのでは物足りませんが。何しろ人間は地球という天体の中に生かされていて、動物植物と共存共栄しているのですから。

ことに昆虫は最も種類が多く、永年にわたって地球を耕し、植物を育ててくれ、今も営々としてその作業に熱中しています。その上、とても人間の祈りや心に敏感に反応してくれる〝小さなボランティア〟だということも出来るでしょう。

1　蛇＝へび
2　強虫＝つよむし
3　鱗虫＝りんちゅう

寒

年が明けると、間もなく「寒」[1]に入りますね。文字通り寒くなり、やがて大寒となりますが、「寒」は一カ月で終わり、必ず春分が訪れ、次第に暖かくなります。

しかし天体の動きと、人体の感ずる寒さとは少しずれているので、「寒」に入っても、必ずしも寒くはなく、春分が来ても、まだ寒さが続き、時にはさらに寒くなることもあります。

つまり日照時間が最短となっても、すぐ寒くはならないし、それが長くなっても、すぐ暖かくはならず、もっと寒くなる日もあるのです。

それと同じく、人は善い事をしても、すぐ善い結果を得るとは限らないし、悪事を働いても、まだぬくぬくと暮らしていたりします。そしてだいぶ後になって、やっとその悪事が露見する例が、よくあるではありませんか。

善因が善果、悪因が悪果をもたらすのが「業の法則」ですが、そこには歳月のずれがあるものです。しかし〝因果律〟は必ず実現するということを、小寒・大寒・春分の移り変わりが教えてくれているようです。

しかも寒暑のきびしい移り変わりのある温帯地方、さらにもっと寒さの厳しい地方で、文化や文明が開花する傾向があるものです。つまり「寒」は人々に忍耐や努力を教えてくれているからでしょう。

他方「寒」の字には、物資が乏しく貧しいという意味もありますが、逆に物がゆたかで、何不自由なく暮らしている人々は、いつしか忍耐力を失い、物資を粗末にし、やがて地球全体に森林資源等の減少をもたらし、「大寒」の破局を呼び出す結果になるかも知れません。

それ故「寒」は人々に耐乏と自制を厳しく教えてくれる、とてもすぐれた自然界の教師であると言えるでしょう。

1　寒＝かん

夢

人は誰でも夢を見るものです。夜ねむった時に見る夢もそうだし、「夢みる瞳」などというロマンチックな夢もそうです。では何故夢をみるかというと、人間の生活にとても大切な働きをするからです。だから「変な悪夢を見た」などと言って、心配する必要は、全くありません。

先ず眠る時の夢についてですが、これは脳の働きが一部休息するから起こるのです。休息するのが悪いというわけはないでしょうね。多くの人の夢は、とりとめもなく、昔の思い出と現実とがこんがらがったりして、全く不合理です。しかしこれも脳の一部の〝休息〟によるのですから、一向にかまいません。それを真に受けて、「こんな夢を見た」といってそれを気にする人もいますが、これでは心の休息になりませんから、どんな夢でも、引っかからないことが大切です。

ボイラーの中の蒸気圧力が高まると、爆発しないように蒸気が抜ける仕組みがありますね。あの蒸気抜きのようなもので、全くありがたい装置です。たまに正夢といって当たる夢もありますが、これは人間に「予知能力」がある証拠ですから、結構なことです。しかしこの正夢をいつも見るとは限らないので、当てにしない気持ちが肝要でしょう。

次に理想や願望を持つことを「夢を描く」といいますが、これもまた大変結構ですね。『生命の實相』[1]第二十巻の中に「夢を描け」という長詩があり、その中に、

〝夢の奇（くす）しき翼
に乗るとき

〝若きものは向上し
老いたるものは若返る〟
とあり、さらに又、
〝描いた夢が破れても
あなたはまだ夢を描く
自由はあるのだ。
自分にまだ偉大な力が
残っていると想像せよ[2]〟

と続きます。夢を描くのは若い人ばかりの特権ではない、老人も夢を描けというのは嬉しい限りですね。年をとると、いつしか新しい計画や創意工夫を放棄しますが、こんなことではダメです。人の肉体は死んでも、いのちそのものは永遠でありますから。

1　頭注版

2　原文はもっと長く、句形もちがいます。

神話

人は昔から色々の物語を作り、それを語り継いできました。文字が出来てからは、記録しましたが、それらはすべて「大切なこと」を子孫に伝えようとしたのであって、どうでもよいようなことではなかったのです。

けれども語り継がれた内容が、すべて本当に起こった事件だったかというと、そうではなく理想化されたり、誤って記された個所もありました。だから歴史物語や神話でも、必ずしも本当に起こった出来事とは言えない所があるのです。

従って「神話」と呼ばれる神様物語でも、本当に神様が現れてそんな動作をなさったと、文字通りに解釈すると、「そんなバカなことが」と疑う人も出て来るでしょう。だから「神話」を読む場合は、「どんな大切なことを伝えようとしたのか」と、〝作者の心〟を読むようにしなければならないのです。

ところで神様は、肉体人間ではなく、〈いのち〉の本体であり、智慧と愛とのエキスみたいな〝実在〟ですが、人間的なコトバや行動として表現されることもあります。また、神様のお名前に、とても深い意味をこめて書くこともあるのです。

例えば日本の神話である「古事記」の冒頭には、「天地の初発（はじめ）の時、高天原に成りませる神の名（みな）は、天之御中主神」とありますが、この高天原は「神様の世界」という意味であり、地上のある土地の名前だと考えると、人間の歴史物語のようになってしまいます。そんな所に出て来られた神様が、〝創造神〟とか〝絶対神〟というわけにはいきませんね。

さらに「天之御中主神」というお名前でも、これは大宇宙的中心者という意味ですから、地上の一角が中心者の住まいというわけにはいかないでしょう。しかも神話の作者は、各民族や部族の共通の心で、一個人ではありません。

ギリシャ神話にしても、創世記の神話にしても、みな夫々の民族が直観した「創造神」の偉大なるお働きを表現している古典ですから、時々共通した筋書が出てきて、真理を伝えようとしているのです。

ひな祭り

私がまだ小さかったころ、家におひな様が飾ってあり、姉が独りうれしそうに、そのそばに座っていたのを憶えています。女の子のお祭りで、男の子のお祭りはあと回しだということでした。こうしてわが国では、女の子も男の子も、父母や親戚から大変大事にされ、生まれたことをお祝いされてきたものです。

このひな祭りも、宮中から始まったようで、だんだん立派な内裏[1]びなとなって天皇様皇后様を上段に飾り、段ごとに順序よく、官女・五人囃子（ごにんばやし）・大臣・仕丁[2]・道具などが並べられるようになりました。けれども庶民などは、その一部だけを飾ることもあったし、自分で作ったおひな様を自由に飾り、あとで川や海に流したりしたものです。

このような美しい風習も、わが国の自由と秩序を示す、良い習慣だと思われます。ことに女の子は、その誕生が喜ばれ、男の子だけが大切にされたのではありませんでした。しかも女の子は貴いおひな様にまで昇ることもできたので、秩序整然とした封建社会の中でも、ことに江戸時代には盛んに飾られるようになったのでした。

とかくわが国は、男尊女卑だったように誤解されがちですが、それは一時期の現象で、古代は天照大御神様の神話にもあるように、女性も男性もともに尊ばれました。

つまり男尊女卑ではなく、男尊女尊が大和心だったのです。しかもひな祭りに象徴されるように、夫婦二人仲よく一緒に暮らすことが理想とされ、夫と妻と別々とか、片方だけが飾られ祭られるということはありませんでした。

ところが現代社会には女人禁制的風習が残っていたり、逆に夫婦別居を良いと考えたり、未婚の母などがもてはやされたりしますが、そんなことは自然とは言えませんね。本当の幸せは、自然の中にこそあるもので、その「ありのまま」を生きるのが、正しい宗教生活だと言えるでしょう。

もちろん、男びな二つをいくらくっつけて並べてみても、何だか不自然で、まるで少子化傾向のシンボルみたいではないでしょうか。

1 内裏＝だいり
2 仕丁＝しちょう

桜

私の住んでいる家の庭に、むかし大きな古い桜の木がありました。八重桜で、濃いめの花びらが、玄関近くの石段に散り敷いて、訪れる人々の目を楽しませてくれました。ところがいつの間にかこの老木は枯れてしまい、今はもう太い根っこだけが残っているのです。けれどもいつしかその近くに、実生(みしょう)の白っぽい山桜が生えて、今はその桜が私たちに春を語りかけてくれます。山桜も八重桜も、どちらも個性的で美しく、しかもはかなく散っていきますが、散ったあとでも、坂の上でまだ咲き続いていてくれる、本当にやさしい花ですね。

昔の人はこの桜花を、やまと心にたとえて歌いましたが、これは日本人だけの心という意味ではなく、大きな愛・そのままの心のことでしょう。だから日本から贈った桜の花が、アメリカのポトマック河畔では、とても美しく咲き誇っていて、その下では「場所取り」やドンチャン騒ぎなどはないようです。もちろん、弁当くずの散乱もありません。桜は人が見ようが、見まいが、美しく咲いてくれます。誰一人分け入ることのない山奥に咲いても、力一杯咲いて、美しく散り、さらに伸びて、来年も再来年も、いのちの続く限り咲き続けていきますね。その美しさは、有名な観光地の桜よりも、もっとずっと、すばらしいと思います。

そのように、私たちも、その仕事が人に見られようと、見られまいと、誉められようと、けなされようと、そのいのちの持つすべての力を、思う存分あらわして、神の栄光を、人里離れた山の奥の奥にまで広げていきたいものです。

その上、山桜は、色も淡白で、その子孫をいつの間にかふやしてくれるのです。鳥たちが、その実を食べて、しかも適当なところに種まきをしてくれますから。人工授精もなく、クローンの心配もいりません。子を育てる費用が足らぬから、もうこのくらいでやめとこうなどという勝手気ままは言いません。ただそのままに、内在の力を、惜しみなく捧げている姿には、感動し賛嘆するばかりです。

緑

遠くから地球を見ると、緑につつまれています。緑の草木が大地を覆い、海の中にも緑の生物が沢山住んでいるからです。しかもこれらの植物は空気中の炭酸ガスを吸って、酸素を作り出し、動物や人間に供給してくれるのですから、まことに有難いいのちの仕組みといえますね。

だから緑の中にいると、人の心はとても落ち着いて安らぎます。赤ではいら立ちを感じ青では沈みがちですが、その中間の緑は、人を自然に安心させ、落ち着かせてくれるのでしょう。その緑の若葉がもえ出す季節は、同時に進学や就職の時期になっているのは、ごく自然の成りゆきです。

何年か前に、家族皆で食後グレープフルーツの皮をむいて食べました。するとその赤っぽい身の中の種子の一つが、小さな芽を出していたのです。その「生きよう」とする力に感動して、この種子を庭の土の中に埋めておきました。

するとやがて地上に緑の芽が、そっと顔をのぞかせました。その若芽を小さな鉢に移しかえ、暖かい室内や日光の下で育てていると、どんどん大きく伸びていったのです。

これはごく当り前のことですが、しかし東京でグレープフルーツが育つのは面白いでしょう。だから私はこの若い木を、再び庭の中の一番日当たりのよい場所に移し植えました。若木は毎年のびていきましたが、「黒あげはちょう」の幼虫もつきました。緑の葉の強い香りに引きつけられて黒あげはが寄ってきたのでしょうね。

こうして今年の春になると、二メートル以上に伸びたグレープフルーツの樹に、何個かの小さな実の形をしたものがつきました。これが五月、六月と、どうなっていくかまだ分かりませんが、あのおいしそうな、ピンク色のグレープフルーツが実ってくれることを、心から待ち望んでいます。

いのちの芽が、植物も、動物も、そしてまた人間の小さないのちの芽も、すべての人々から愛され守られていくことを、心から願わずにはおれないのです。

思い出の映画

私の生まれたのは大正八年ですから、子供のころは野山を走り回っていました。少し大きくなってからは、娯楽といえば映画くらいなもので、無声映画でも、驚きあきれ興奮しながら見たものです。もちろん白黒ですが、いろいろ見たので、その年代もすっかり忘れました。しかしチャプリンの映画は「思い出」のなかに残っています。ライムライトも印象的でしたね。

日本映画もたくさん見ましたが、若いころの名取裕子さんが、どこかの社長さんの秘書役をしたのが、思い出に残っています。題名は忘れました。そんなことから、私も「映画を作りたい」と思いだし、大学の担任教授の紹介で、ある映画会社の監督さんに会いに行ったことがありました。すると彼は「映画作りで一番大切なのは、脚本だから、まずそこから勉強したほうがよい」という助言をしてくれました。

私はもとから小説が好きで、書くことも好きでしたから、シナリオ作りもやってみました。今はもっぱら宗教関係の論文ばかり書いていますが、若いころのあの経験が無駄ではなかったと思います。というのは、この人生そのものが、大きな映画のようなもので、自分の書いた脚本どおりの現実がこの「人生劇場」に現れてくることを知らされたからです。

すなわちこの人生は大きな劇場のようなもので、今世の舞台が終わると、次生[1]の舞台がはじまる。さらに後生[2]も出てくる。しかも芝居の筋は、作者の心が作るのであり、各個人それぞれが作者だということです。

各自が心で思い描くことが、やがて現実化する。だから「幸福な筋書き」を作る練習をすることが大切ですね。いつも「私は不幸だ、つまらない、運が悪い」といった暗い筋書きを書いてはいけないのです。しかし人は、とかく不幸や災難の筋書きを書いてしまいます。

「そんなに思うとおりにはいかないよ」

と思い、うまく行かない人生を描くと、「うまく行かない人生」が、思い描く通りに現れてくるという次第であります。要注意ですね。

1 次生＝じしょう
2 後生＝ごしょう

星

人は昔から、星と深いかかわりを持ってきました。空を見上げると、星が輝いているし、国旗にも、たくさんの星が書き込まれています。太陽も星の一つですから、「日の丸」は星の国を表しています。しかも太陽はスター（恒星）ですから、火星、水星、木星、金星、土星などの惑星（プラネット）とちがって、光を放つ星ですね。私たちに最もなじみ深い地球も惑星の一つだし、その周囲を回っている月も、衛星と呼ばれる星ですから、光を放たないといっても、永年ロマンチックに輝いています。

ところが近年は、星の数がむやみにたくさんあることが分かってきました。何しろ私たちの住む太陽系の属する銀河系宇宙には、一千億からそれ以上のスターがあるという話ですが、この数はいくらでも増えてくるでしょう。なぜなら、あまり遠い星は、測定できないのですから。つまり見えないものがいっぱいあるのだということを、星は私たちに教えてくれました。しかも恒星の重いものは、やがてブラック・ホールにもなる。ブラック・ホールは、巨大な重力のために、光が外に出て行かないから、見えない宇宙の穴というわけです。

しかもこの大宇宙は、次第に拡大しつつある。とすると昔は縮小していた。しかも同重量の宇宙だとすると、それは当然ブラック・ホールであった。「無」から宇宙がビッグ・バンしたということになり、その宇宙内でも無数のビッグ・バンが進行中であり、ついには金融界のビッグ・バンまで行われようとしている。これはあまりにミニですから、本物とは比較になりませんが、物質というものが測定されたり感覚されたりする通りのものではなく、いわば「無」[1]であり「空」[2]であると説いた宗教が、決して非科学的ではなく、大宇宙の〝極秘情報〟を発信していたのだと言えるでしょう。

見えないものがあるのです。本当の愛も、智慧も、法則も、見えないが実在する。「いのち」もそうだし、神も、仏も、「見えなくてもあるのだ」ということを自覚することがとても大切な時代なのであります。

1 無＝む
2 空＝くう

書

昔、私の父と母とは書道[1]の先生について練習していました。私が生まれたとき、父はこの先生に名前をつけてもらい、清超という名が、私の一生について回ることになったのです。父はそのころ裁判所の判事をしていましたから、いつも筆と墨で判決文を書いていました。小学生のころの私は、父の書を見ても、上手下手は分かりませんでしたが、今思うととても枯れた、個性的な字でした。

その後、私の名字[2]は谷口となりましたが、養父[3]はとても字の上手な方で、はじめてもらったはがきを見て感動し、私もこんな字が書きたいと思ったものでした。養父はとても多くの方々に揮毫（きごう）しておられ、その数は大変なものになるでしょう。私は度々半折[4]の紙を引っ張り上げてお手伝いをしたものです。その数多くの制作が、ますます父の書をみがき上げていったに違いありません。

そんなことから、私も顔真卿[5]の書を手本にして、自分流に練習しました。しかし形を整えるより、そのままの心で、筆を立てて線を引く練習をするのがよいことを知り、むやみやたらに線を書いた時期がありました。とにかく墨をすり筆で書くことが大切で、毎日書いているうちに、良寛和尚の有名な「天上大風」を見て、そのすばらしさに心を打たれ、さらに新潟県出雲崎町の良寛記念館で、数多くの書を拝見し、良寛さんの心の深さを知りました。絵でも書でも仕事でも、家庭などすべての作品には、作者の心がにじみ出てきます。だから結局は心を高め上げる以外に正道はないのです。しかし幼い子の作品にも、素朴な心が表れて、何とも言えないよさを感ずることがあります。

日本の文字は、昔中国大陸から入ってきた漢字が主体で、さらにカナとかな文字が加わり、民族全体の歴史が書に表現されています。今でこそ左横書きも盛んになりましたが、本来は縦書きのものでしょう。書が文化となり、そこに人や国の心の歴史が表現されているのは、実にすばらしいことですね。

1 書道＝しょどう
2 名字＝みょうじ
3 養父＝谷口雅春大聖師
4 半折＝はんせつ
5 顔真卿＝がんしんけい

童話

昔私は「赤い弓と矢の話」という童話を書いたことがありました。今日はその一部を紹介します。昔、南の海の彼方にかぶらき島という王国があり、王様には森子、林子、木子[1]という王女様がいました。彼女たちはこの国で並ぶ者がない槍と剣と弓の使い手でした。

ところがある時、北の国の船が近づいてきました。そこでまず木子姫が高い岬の上から赤い矢を放ったのです。矢が船のへさきに当たると、大男の侍頭[2]がすぐそれを引き抜いて、射返してきました。船が浜についても、弓矢の隊をひきいる木子姫は、攻撃命令を出さないのです。そこで侍たちは上陸してきました。でも木子姫は神様のお声で「生きものを殺してはいけない」と聞かされていたので、岩の上に立ち、赤い弓をかざして、侵入者たちを眺めていました。近づいた侍頭は、

「あなたが、さきほど赤い矢を射かけた弓の名手だろう」

と言い、自分は玉人[3]という者だ。この島を探検に来たと言うのです。そこで島の若者たちも警戒心を解きました。しかし玉人が、「自分は弓矢にかけては天下無敵だ」というのを、木子姫は信じません。そんなことから彼は腹を立て、王様に会わせろと主張し、ひそかに「この島を征服しよう」と決意しました。


やがてお城に着くと、王様と女王様はにこやかに出迎え、「ゆっくり見物して下さい」と言い、おいしい料理を出してもてなしました。夜になって玉人は、あの三人の王女を倒せばこの国を征服できると考え、翌日、槍と剣と弓矢の試合を申し込みました。王女たちも喜んでその申し込みを受け

ますが、玉人の力が強く、森子姫と林子姫とはあやまって殺されました。木子姫は、彼と戦って殺し合いたくないと思い、カワラケを投げたのを射たり、馬から的に矢を射る試合を申し込みましたが、なかなか勝負がつきません。

その夜、王様たちは集まって、殺された姫の霊をとむらい、お経を読みました。その姿を見た玉人は、心打たれて地に泣き伏してしまうのです。

さてその後、どうなるのでしょう……。

（この結果は、一九一頁以下にのせた「赤い弓と矢の話」という童話の全文をよんでみて下さい。）

1　木子＝きこ
2　侍頭＝さむらいがしら
3　玉人＝ぎょくじん

決断

この世に生きている人はみな、毎日何か決断しなければならなくなるものです。例えばどの店に行って買い物するか、どんな品物を選ぶかを決めるでしょう。多くの人は何となくいつもの店に行って、パンや卵を買ったりしますが、これも一度決めた習慣に従っているのかもしれません。しかし最初は自分で決めたはずですね。

だから人生は常に「決断の連続」だと言ってもよいのに、そう思っていない人がたくさんいます。辞書を引くと決断とは「きっぱりと決めること」とありますから、キッパリと決めた時だけが決断だと思うかもしれません。が、どこでキッパリかどうかを、キッパリ決めることは大変むつかしい。いざという運命の分かれ道で決断すればよいというだけでは、もうその時は遅すぎるということがよくあります。

例えば飛行機が墜落する寸前に死を決断しても、あまり役には立ちませんね。その飛行機に乗る前に、乗るか乗らないかを決断しなければならなかったのでしょうが、その時はいつもの心で、フト決めているものです。

それ故、平生の「フト思う心」がとても大切です。ではフト思いつく心は、いつも何に心をふりむけ、どんな選択をしているか、「何を第一にするか」にかかってきますね。お金を第一にする人は、お金もうけに向かって決断するし、世間体や評判ばかりを気にする人は、総会屋に特別の利益を与える違法行為を決断したりするのです。

つまり毎日何気なく練習してきた「決め方」が、いざという時にスラッと出てくるものですから、平生から「明るい心」「親切」「法則を守る」といった方向に心を向けていることが大切ですね。そのためには、神様や仏様の心、理想や正義を第一にして生活すると大変よいのです。

それ故、毎日少しでもそういった理想の世界や神の国を心に描き観（み）る「瞑想」をやっていると、いつしかすばらしい決断力が自然に養われて、力みのない明るい人生が、楽しく送れるものであります。

結婚

私たちが住んでいる地球には、北極と南極があって、それは大きな磁石の陽極と陰極にあたります。これを小型にしたのが電池ですが、これもプラスとマイナスの両極がないと働きません。多くの動物や植物にもこの原則が働いて、繁殖していくものです。つまり陽を火、陰を水であらわして、火水（かみ）という言葉を使い、古くから神様の働きとされてきました。

ところで人間が結婚する場合は、さらに一歩進んで、肉体のみならず心の一体化すなわち愛が求められ、それが家族構成の原点になっているのです。従って一時的な男女の肉体関係や、愛の伴わない同棲ぐらいでは、本当の結婚とは言えないのです。けれども現在の法律では、心の面よりも肉体のあり方を問題にして、準結婚扱いをしていますが、これは結婚の正しいあり方を知らない世の中の習慣を反映したものでしょう。

従って本当の結婚生活を送りたいと思う人たちは、「婚姻届」を提出して、社会的に認知させておくことが必要で、結婚式に多額の費用をかけることなどは、まあどうでもよいのです。宗教儀式上何式で[1]行ったから結婚がうまくいくという訳でもないのですが、陽と陰との心の働きを大事にしない人たちの結合では、長続きしないでしょう。

しかもその結果生まれてくる子供たちに大きな苦しみを与え、それが社会的な非行や犯罪の原因となったりしています。世の中には全然離婚を認めない宗教もありますが、むやみに離婚・結婚を繰り返す人たちもいますね。しかし子供の将来を考えたならば、結婚した以上はお互いに愛し合い、足らない所を補い合うという「補足[2]の原理」を生かしていくべきでしょう。

この人生では肉体ではなく、魂や業の似通ったもの同士が引き合って、共に生活するようになるのですが、同時にお互いに不足を補い合う愛と思いやりを訓練していかなくてはなりません。結婚生活はそのような点で、この世での魂のレッスン場であると言えますから、大切にして、家族大調和の暮らしを送りたいものであります。

1　行った＝おこなった
2　補足＝ほそく

年の瀬に思う

この世には、かなり正確な「繰り返し現象」があります。太陽が東から昇ると朝がきて、やがて西に没して夜になる。一日は二十四時間で、この繰り返しは毎日続き、一年たつと十二月の〝年の瀬〟が訪れ、やがて新しい年となる。その一年間も三百六十五日くらいと決まっています。

これは太陽への地球の公転や自転によるものですから、どうしようもありません。〝年の瀬〟はいやだからくるな、といってもやってくる。正月だけきてほしいと願ってもダメですから、皆さんはあきらめている。それは法則と思ってあきらめているからでしょう。だから「法則を知る」と心が落ち着き、計画的な生活ができるのです。では人間の死後はどうなるのでしょうか。人間の一生に、「繰り返し現象」をあてはめてみる訳にはいかないものでしょうか。

つまり一日には朝があり、夜がある。一年には正月があり、やがて必ず年の瀬がくる。これは一日にすると夜に当たるし、人間の一生にしてみると晩年に当たりますね。そして年の瀬がすぎると正月がくる。これは必ずやってきますが、人間の死後はどうなるか。次の新しい誕生が始まると考えるのが、繰り返しの法則にかなっています。

だから、多くの民族は、ごく自然に次の世を考えてきました。いわゆる「あの世信仰」ですね。人間の肉体は死んでも、どこかで生きていく。ご祖先さまはいらっしゃって、われわれを見守っておられる、といった信仰です。

つまり本当のいのちは永遠に生き通していると信ずるのでして、肉体の死と共に、プッツリと何もなくなるというのは、どうもおかしい。死は新しい生につながると考えるのです。

だからもちろん年の瀬は、決しておそろしくない。必ず間もなく、明るく楽しい正月がくる。それを迎えるのが年の瀬というわけで、正月にいただくおいしいごちそうを用意し、仕事を片付け、わずらわしい借金は全部お払いし、「けじめをつけましょう」ということになるのであります。

二　平成十年に「語る」

年頭の対話

――二十一世紀を前に、宗教に問われているものは

今の世の中、人々はお金もうけや地位、体面を守ることを目的に生きているようです。でも、それでは正しい人間の行動はとれない。もっと根本的に善なる世界を思い、絶対的な価値を大事にして生活をするようにしないと……。そういう自覚をもってもらうように、導くことが役目だと思っています。

――具体的には

本物の豊かさを認め、力いっぱい自分の役割を果たすことです。会社員

なら会社の仕事を、母親なら母親としての役目を、いっしょうけんめいやればいい。そうすれば地位や金銭は、求めなくても自然についてくる。

人間は肉体が死んだらそれで終わりではなく、肉体が死んでも永遠の生命をもっている。だから、今生きている自分の人生を精いっぱい生きて、次の人生につないでいかないといけない。

役者さんは舞台で回を重ねるごとに芝居がだんだん上手になるでしょう。人生も同じで、生まれ変わるごとに進んでいくものなのです。

——世界平和に宗教が貢献することについては

人類の歴史は、ほかの人のもっている土地や資源を横取りして作られてきた。しかし今、争いは無駄だということを知ってもらう、知らせるところに宗教の意味があると思う。

たとえば、いまだに世界では人種差別がある。肌の色など肉体的な違いで人間を差別する。これはおかしなことです。肉体的にも大きい人、小さい人、いろいろある。でも、肉体はただの道具で、道具を使っているのはみな「神の子」です。

――信徒の方に『生命の實相』だけでなくいろいろな本を読むように説かれてますが

キリスト教の聖書も仏教の経典も、本人ではなく弟子が書いたもの。それを金科玉条にしてあがめているだけでは、書かれていることの本当の意味は伝わらないと思う。

たとえば、地球環境問題などは、これらの聖典にはでてこない。聖典だけをもとにしていると、そこから一歩も出られない。そして、解釈の違いで、それに反する者は異端者という考えが出てくる。

――地球環境問題は、宗教者にも大きなテーマですね

昨年京都で「地球温暖化防止に関する会議」が開かれたのは、人類のひとつの進歩と考えていいと思います。山も川も草も木も、みな仏です。だ

から、人間のエゴで無意味に木を伐採したり、動物を虐待するのは許されないこと。たとえ木を植えたとしても、金のもうかる杉の木だけを植えるというのではいけない。やはり全体のことを考えないと。

何をやらなければいけないというのでなく、自分たちの手近な所からやっていけばいいと思う。私も普段の生活の中で、なるべくごみを出さないよう心がけているし、落ちている空き缶などのごみは、拾ってごみ箱へいれている。ちょっとしたことだが、一人一人が心掛けることで、ごみも減るし、街もきれいになる。

――クローンや臓器移植など生命倫理が問われています

人間の肉体は道具だから、その部品を交換しようが、手術しようが構わない。ただ、もし私が死にかけていて、心臓の移植をしますかといわれたら、それは断りますが。それよりも食事や睡眠を正しくとり、運動も適当に行って、自分の臓器を大切にしていくのが本筋だと思う。でも、移植が必要な人が移植をするのは全然かまわない。

クローンは人間ではまだやってませんが、理論的にはできるでしょう。仮にできるとしても、それは道具を作ることですから、クローン技術に対する不安はないし、問題ないです。クローンによって作られても、人間であることに変わりはない。

とはいえ、「当たり前」が一番いいと思う。普通に結婚して、生まれた子供を育てるのがいいですね。

——海外布教で信者が増えていますね
ブラジルや台湾などが伸びてます。とくにブラジルは、最初日系人だけでしたが、今は日系以外の人が九割近い。もともと寛大な国民性でカトリック信者が多い国ながら、宗教に対する偏見がないところへ、今まで「人間は罪人である」といわれていたのが、「人間は罪人じゃない、神の子である」というと非常に喜んで、広がるんですね。

——最後に、平成十年をどんな年にしたいですか

昨年は不景気とかいやな事件が多かったですから、今年こそはいい年にしたいですね。日本は今、危機的な状態になっているといわれますが、危機というのはチャンスでもある。だから今年からいいことができますよ。

1　行って＝おこなって

孫

私はかつての大戦が終わって間もなく結婚しました。やがて子供たちが生まれ、四人の子供にはそれぞれ子供が生まれ、現在十六人の孫たちに恵まれています。

今日本は少子化現象で、夫婦の生む子供の数が少なくなったと言われますが、子供ぐらい有り難いものはありません。何しろ、一人のいのちは、何兆円出しても買うことはできず、腕一本でもなくしたら、もと通りにつけかえることはできないのですから。そこで子供が一人生まれる度に、その父母は無限億万長者になり続けると言えるでしょう。

しかもその子供たちが、また子供を生むのですからたまりません。ますます皆幸せで、豊かになっていくのが当たり前ですね。つまり少子化現象など起こるはずがないのです。ところがそうなってきたのは、費用がかかるという金銭的な側面からのみ人生を見たからではないでしょうか。

しかし孫ということになると、一歩退いて考えなくてはなりません。というのは子供のしつけや教育は、幼いときからその父母がするのが基本だからです。これはどんな動物でも、昔からそうやって来たのでして、人間だからといってこの法則を破ると、必ずゴタゴタの原因になり、少子化や混乱のきっかけになるのです。しかも祖父母は孫を甘やかしすぎて、父母のような厳しさがなくなりますから、同居するにしても「スープのさめないくらい」の距離感が必要でしょう。

私たちの場合は、幸いにしてごく近くの家に次男夫婦と三人の孫が住んでいます。その夫婦が時々旅行する時など、孫がやって来て一緒に食事をしますが、知らぬ間に大きく成長していて驚きます。どこの学校に入るとか、何の部活をやるなどは、皆彼らが決めるので、私たち祖父母はまかせ切りの安楽を決め込んでいる次第です。

外国で生まれ住んでいる孫もいますが、この子らもいつの間にか成長して、色々学習しているようです。こうして孫たちもやがて孫を作り続けていくらしく、本当に楽しみですね。

こだわりの一品

紋付き[1]に袴[2]をつけて、腰に扇子[3]を差すと、どうもゴロゴロして落ち着かない。

こういう時、扇子が「こだわる」と言ったものです。さらに昔は腰に刀を差すと、小刀の鞘[4]がゴロゴロするので「こだわる」と言いました。つまり引っかかったり、ゴロゴロしたり、気にしなくてよいことを気にしたり、難癖を付けたりするような意味でした。

現代では、愛好するとか執着する意味で用いだし、どちらかというとこの使い方に変わってきましたので「こだわり」にこだわることをやめて話しましょう。

私がカメラを手にしたのは旧制中学に入ったころ。父からウェルタというスプリングカメラを買ってもらいました。戦後になると三十五ミリ判のライカのA型、キャノン、ペンタックスなどに変わり、今でもペンタックスのMEとそのレンズ類は戸棚に入って眠っています。

さらにそれからペンタックスの67に移り、同645、マミヤCの66、マミヤ645を愛用し、さらに大型の四ノ五判に移りました。するとある所から本部にリンホフのカルダン・スーパー・カラーが寄贈されたので、それも使ってみましたが、その後はもっぱら69判のトプコン・ホースマンにこだわっていました。これもやはり後方から直接ピントガラスをのぞいて焦点を合わせる型式で、天と地が逆転する映像を、面白がって楽しんだ次第です。

さらにこれらのカメラ遍歴を通じて、ヘリヤーという古い焦点距離百三十五ミリのレンズを愛用し、いろいろと加工したりして、三十五ミリ判にも69判や67判にも使っています。イメージ・サークルが広く、手動のシャッター付きで、Ｆ４・５の明るさだからです。

これら大判用レンズは最近のオートのカメラにはない手作業が必要ですが、全く電池なしですから、とても親しみが持てます。ちょうど手塩にかけた子供の可愛さといったところでしょうか。天地逆転の映像も、空間の相対性を示して、いつの間にか大きな正像に見えてくるのですから、不思議ですね。

1 紋付き＝もんつき
2 袴＝はかま
3 扇子＝せんす
4 鞘＝さや

一枚の絵

人には色々な才能があるものですが、そのすべてが現世で花開くというわけでもありません。何かを好きになって、練習していくと、次第に上手になり、やがて名人と言われたり、天才とたたえられたりするようになるのです。ところが私はあいにく、音楽やカメラなどの方が好きで、絵の方はさっぱりでした。

それと私の住居には広い部屋がなく、あまり絵は掛かっていません。家内や息子や娘たちは、絵が好きで、水墨画や水彩画や油絵などを上手に描いているようです。今でも娘が昔学生時代に描いた油絵が、私たちの寝室に掛けてありますが、なかなかよく描けているような気がします。しかし私が描いた油絵も、一枚だけあることを発見しました。

それは息子がまだ幼いころ、犬を買ってくれと頼んだので、柴犬の子犬を買いました。家内が青山ケンネルで見て、あまり可愛いから買ってきたと言っていました。その犬は血統書に「元貴（げんき）」と名付けられていたのです。昼は庭につないでいましたが、夜放してやると、庭の中を喜んで自由に走り回っていました。

ところがある日、庭の生け垣が壊れたので、その修理に植木屋さんが入っているとき、その垣根のすき間から出て、行方不明になったのです。いくら探しても見つからず、失望落胆したものでした。けれども、どうしたわけか私はこの犬を、油絵で描いていたのです。私が油絵を描いたのは、この時が最初で、今のところ、最後のようになりました。

うまいとは言えませんが、「一枚の絵」ということはできるでしょう。もしあの時から次々に油絵を描いていたら、次第に上達して、やたらに描きまくって楽しみ、カメラや音楽はそれきりになったかもしれません。しかし私の仕事も大事ですから、そう何もかもやるわけにもいかず、元貴君は私たちに「もっと愛してね」というメッセージと、「自由を吾らに」という聞いたようなコトバを残して、どこかに去っていきました。「一枚の絵」を残してですが……。

離婚

　五月ともなると小鳥たちが巣作りをして、卵を産みヒナを育てるようになります。ヒナが大きくなると、その先どうなるか分かりませんが、人もまた結婚して子供を生み育てます。昔から人々の結婚式には、多くの宗教の式典が行われ、今でも盛大に行われています。

　けれども色々な事情から夫婦別れをするとなると、離婚となりますが、その時改めて離婚式をする宗教は見あたらないようです。結婚式も離婚式もしないでおこうというのなら公平でしょうが、初めだけあって、後がないのは何故ですか。神様のみこころには離婚がないからでしょう。だから

「おめでたくない」とは言えますが、この世では「おめでたくない」ことも色々起こってきます。

病気や怪我や倒産などもおめでたいとは言えませんね。しかし起こるなと言っても起こるし、それを宗教が禁止しても、その人の不幸が消えるわけではなく、「そんな教えは変だ」といって、信仰を失う人も出てくるでしょう。

病気や怪我や争いは「神様が造った」ものではありませんが、現実には病院や裁判所があり、その状態を何とか癒そうとしてくれます。そのように離婚が行われても、さらによりよい次の結婚へと導かれることもあるのです。人によるとさらに離婚して、三婚し、四婚する……。

そうなると生まれてきた子供たちは、多少とも混乱するかもしれません。そのため父母の離婚から、グレ始めた例も見られます。それは人間を「肉体」と思い、その人の肉体から生まれないと本当の母ではないと考えるからですね。父の場合は、肉体的な続き具合が一層ハッキリしていない例もよくあるのです。

しかし本当の親子は、肉体の成分のつながりによるのではなく、心や魂のつながりによるのです。それを結婚式をしたり法律的に届け出て確認するのが正しいやり方です。ただ男女が勝手気ままに、くっついたり離れたりするだけでは、社会が乱れてしまいますね。魂のつながりは「業」の類似関係でもありますから、とても大事だと考えて下さい。

薫り

世の中には「におい」に敏感な人も、そうでない人もいます。動物でも犬などは人よりもはるかに敏感で、人には感覚できないような「におい」を追跡して、犯人や被害者を発見してくれますが、この能力も訓練次第で向上して来るようです。ところが「におい」には良い匂[1]いと悪い臭[2]いとがあり、一般的には悪い臭いの方が感受されやすいとされています。それは悪臭の方が人間の身体に害を与える物質を含んでいるからで、良い香りにはそんな物質は少ないようです。

ことに「薫[3]り」となると、主として熱を加えて燻（いぶ）した香りを、着物や部屋にたきこめた香気をいいますから、悪臭ではないのが原則です。そこからさらに「人格の薫り」とも言い、すぐれた雰囲気の人を言い表しますから、源氏物語に出てくる薫大将（かおるだいしょう）となると、名前を聞いただけで魅力的ですね。その彼が浮舟[4]の愛を匂宮（におうのみや）と競うのですから、「なるほど」ということになるのでしょう。

さらに仏教では仏壇やお墓に、薫り高い線香をたき、焼香したりして仏を礼拝しますが、薫りには「霊界と現界とを連絡する力」があるとされているためです。お香は焼香する人々の心を浄化すると共に、高い霊界の方々との心の交流を促進することが出来るとされてきました。

そのように薫りには人々の心を惹きつける力があるものですから、洋の東西を問わず、お香や香水が多用されました。昔からヴェルサイユ宮殿でも、紳士・淑女が香水を用いて悪臭を消そうと努めたとされていますね。ちょうど闇を消すにはただ光を持ち込めばよいという原則を応用したものに違いありません。

この原則からも、人格の薫りを高めることによって、人々はよい仕事をし、家庭を明るくし、世界を豊かに、そして平和にすることができるはずです。

だから現代人こそ徳性の向上を第一としなくてはだめですね。原水爆の代わりに、「薫りの爆弾」でも作ったらどんなものでしょうか。

1　匂い＝におい
2　臭い＝におい
3　薫り＝かおり
4　浮舟＝うきぶね

未練

人はすべて、その奥に優れた心や、能力を持っています。その善性や才能は「無限」といってよいのですが、そう思わない人もたくさんいるようです。しかし不完全だとか未熟者だと分かるのは、善い心があり、かくれた能力があるからそう思えるのであって、その力のない動物には「善」も「悪」も分かりません。だから猫は魚を取って逃げても、「私は悪い猫だった」などとは言わないのです。

元来未練という言葉は、未熟と同じような意味でして、練[1]れていない、訓練不足だということです。訓練が足らない、内在の神性・仏性が表面に現れていない、つまり未熟者であるということです。人間の優れた能力は、練習が積まれると次第に現れてくるものでして、どんな天才的芸術家や運動選手でも、練習をしないと必ず行き詰まってしまいますね。

すなわち未練ではダメなのです。この言葉はさらに心が未熟であることから、物事に引っかかって、くよくよして執着するというような意味に使われました。何とかさんに未練があって……などというのは歌や物語にはよろしいが、あまり幸福にはなれませんね。だからきれいさっぱり未練を断ち切るのが、この人生の最終目標といえるでしょう。

しかしそのためには、まずこの肉体に対する未練を捨てるのが効果的です。肉体は人間そのものではなく、人間の魂が使う一時的な「道具」であると知ることです。だから肉体が死んでも、本物の魂は死なないのです。しいくら肉体にしがみついていても、人は皆肉体を捨てて旅立っていく。しかも「肉体」には完全な肉体はない。どんなに美しく見えても、完全ではない。大小があり、強弱があり、死が約束されているのです。だからこの肉体に引っかかると「自由」とか「平等」などはありえません。しかしもし内在の「神性・仏性」を認め、それが本当の人間だと悟ることができるならば、すべての人は自由となり平等となります。こうして慈・悲・喜・捨の四無量心[2]を現し出す練習をしていくのが人生最大の楽しみとなるのであります。

1　練れて＝ねれて
2　四無量心＝しむりょうしん

夕焼け

近頃の都会では、高層建築物などの関係で、あまり夕焼けが見られなくなりました。私の家でも昔はよく見えたのですが、西側にビルができてからは、わずかにトイレの窓から短時間見られるだけとなりました。でもきれいですね。廊下の向こうからも見えるので、時にはトイレの電灯かと思って消しに行くと、夕焼けだったりします。

夕焼けになると、あしたの朝晴れると言われますが、その「あした」が来ることは確かですね。けれども人生の夕焼けに、あしたが来ると言えるでしょうか。人生の夕暮れは、「晩年」といって、やがて日が暮れるように、人生も終わりになります。これはどんな人にも訪れる肉体の死のことですが、それで「いのち」がすべて終わるのではない。次の人生という「あした」が来ると考えるのが、昔から多くの人々の信じた「来世」の信仰ですね。

それは非科学的だというかも知れませんが、本当は超科学的な事象で、物質的な測定ができない問題だというだけの話でしょう。しかし「いのち」や「愛」や「智慧」は、すべて測定ができないのです。だからそれらがナイとは言えないでしょう。アルと考えて、しかも永遠の「いのち」を信ずるのが、人間の生き甲斐の本源と言えるのではないでしょうか。

その上、私たちは美しい夕焼けを望むように、人生の晩年も、美しい夕焼けでありたいと思います。しかしそのためには、死ぬ時だけを美しく、安楽に、しかも尊厳死を、というわけには行かないものです。

何故なら、人生は一貫して連続しているからです。死ぬずっと以前から、美しく生きていってこそ、はじめて美しく死ねるというのが本筋ではないでしょうか。だから、今すぐ、正しく生き、愛を行い、どんな小さなことでも、人々や国や社会のためになることを行いましょう。人に知られようが知られまいが、そんなことは全く問題にしないで……。

髪

私はちょうど今（平成十年に）満七十九歳になったところですが、十六人いる孫の中の一人が、三年ほど前のある日、私の家内に「おじいちゃんは、髪を黒く染めているにちがいない」と言ったのです。家内が、「そんなことはない、髪はそのままですよ」と答えたが、孫娘はなかなか承知しません。何しろ彼女はアメリカ生まれの元気の良い当時十九歳ぐらいの娘でした。彼女の父はもう白髪がまざっているし、彼女の父方の祖父は禿げていて、私よりずっと年長でした。そんなことから、私の髪の毛を疑ったのでしょう。

近頃の若い人は髪の毛を染めたりし、トサカのようにつっ立てたりしているのもいて、男女の見分けもつきにくくなってきましたが、どうも私はどんなに白くなっても禿げてきても、そのままにしておきたい気持ちが強いのです。これは趣味の問題でして、宗教関係で「そうしなければならぬ」ということはありません。しかし頭を保護する点から言うと、いくらかあった方がないよりはよいでしょう。夏日の暑さや、冬の寒さを防いでくれるし、ありがたい生理的意味のある身体の付属品のようなものだからです。

昔から長い髪を尊んだ人たちもたくさんいるし、髪は一種のアンテナの役を果たし、心的な啓示を受けやすくするといわれています。と同時に、迷っている霊にも感応しやすくなり、精神的な障害となる場合もありますから、丸刈りにしたり、そり落としたりすることも行われました。仏教の坊さんが剃髪(ていはつ)しておられるのは、現界と霊界とからの不要な干渉や誘惑を排除する意味があるのですから、結構なことだと思います。

しかし髪の形や色がどうであろうと、その外形がその人の本性を現すものではありません。トサカのような赤髪の青年がとても親切であったり仕事熱心であったりすることも、よくある現象です。

とにかく人間の肉体は、人間の衣装のようなものですから、本性の魂は、衣装がどうあろうと、衣装に飾りがついていようといまいと、みなすばらしい神性・仏性であるという外はありません。

一芸

人はよく「自由」と「平等」を求めているといわれています。試みに「不自由」と「不平等」が好きかと問われると、だれでも否[1]と答えるに違いないでしょう。もっとも厳しい階級制度のある国では、この二つ「自由」と「平等」が制限されていても、当面は満足している人がいるかもしれません。しかし心の奥底からの願いは、やはり「自由」と「平等」だろうと推察されるのです。

しかもこの両者は、現実の社会では矛盾した概念で、自由であると平等でなくなり、あるものは一芸に長じますが、ある人々はドングリの背くらべのような、あるいはメダカの行列のような姿を呈し、談合や護送船団方式に心をひかれる平等主義者となりますね。

しかし神様が人間を不平等や不自由に造られたとは、とても考えられません。なぜなら神は愛であり、仏心とは大慈悲心だからです。つまり人は皆「天才」の持ち主であり、神の国の自由をたっぷりと与えられずみのはずです。しかし現実世界には、この本来の人間の姿が現れておらず、先ほどのべたようなドングリ的メダカ的人間の姿が目につきます。

しかしこれは、人間の本来の能力を認めず、肉体や物質的条件から、自分を無能力者かできそこないのように考え違いをしているだけでしょう。そう考え、そう信じていると、現実世界は、そのように現れて来るのです。けれどもだれでも、その「自己限定」を打ち破り、幼いころから何かの才能をコツコツと伸ばしていけば、みな一芸に長ずるすばらしい人となることができるものです。

そうでなければ、神様がえこひいきをされて人々をデコボコに造られたことになるか、無神論者や〝偶然〟の信奉者となってしまいますね。しかし本当はそうでないから、われわれは「努力」して生きるのです。もしこの世一代では一芸にも達しなければ、次の世も、また次の世でも努力し精進[2]すればよいではありませんか。たのしく努力すれば、才能はいくらでも伸びて、時によると多芸多能となることもあるのですから。

1　否＝いな
2　精進＝しょうじん

三　平成十一年に「語る」

正しい信仰を持とう
ただ一つ「ウソをつかない」

新しい年を迎えると、だれでも「今年こそ幸福になろう」と思う。逆に「不幸になりたい」と考える人はいないだろう。ではどうしたら幸せになれるか一口に言うと、正しい信仰を持つことである。神という言葉を使えば、「正しい神」を信じ、迷信や偽神に惑わされないことである。

しかも迷信には、唯物論や各種イデオロギー的信仰も含まれる。今でもマルクス主義を信じている人もいるが、これは正しい信仰ではない。なぜならマルクスやレーニンなどの人間が考え出した説であり、こんな人間が頭の中で考えた理論や学説が不滅であったり、絶対であったりするはずがないからだ。すなわちこの世の中は、すべてが移り変わっていく。「諸行無常」であり「諸法無我」である。つまりこの世の現象は本来ないのであって、しかも実相は不滅である、というのが「諸法実相」だ。諸法の奥には実在の円満完全があり、これが本当の神、仏であるという信仰の方が正しいからである。

というのは人々は皆円満完全・不滅なるものを求めている。それは実在するから求めるのであって、ナイものを求めるはずはないという現実から推察できる。多くの人は、不正や不義、戦いや病気を求めてはいない。正道や誠実や健康を求め、そうありたいと思っている。しかし現実はなかなかそうではなく、殺人やウソ八百がまかり通っている。だからこの現実という現象を実在すると思ったら、一体何を信じ、何をどこに求めてよいのか分からなくなるのである。

だが私たちの本当のいのちは実在し、それが神性であり仏性である。こう信ずるならば、そのいのちの声を聞き、内心の叫びに従うならば、必ず幸福になることができるはずであろう。そこで何も難しいことをしなくてもよい。ただ一つ、今年ぜひやってみてもらいたいことがある。それは、「ウソを言わない」ということである。すなわち「不妄語戒」という五戒の中の一つを守ろうというのだ。

　もし人々がウソを言わなくなったら、どんな世界が実現するか。実に気持ちよく、明るく、たのしくなるに違いない。どんな罪を犯した人でも、すぐ白状するから、すべての捜査はすぐ終わり、裁判もすこぶる短縮される。税金のごまかしもなく、粉飾[1]決算もなくなる。オウムの裁判も、カレー毒入り事件も、するすると解決し、日本のあらゆる企業や金融機関の信用度は一挙に上昇する。人でも会社でも、そこに信用という金銭価値を超えた宝物が与えられるのは、ウソがないからである。賄賂（わいろ）をやったりもらったりするのは、すべてウソがなければ成り立たない。もちろん不倫やサギもやれなくなるのであり、家庭や社会はまるで天国のように変貌（へんぼう）するに違いない。

　言うまでもなく人にはすべて良心がある。それは人間の本性である神性・仏性から来るいのちの叫びのようなものだから、ウソを言うと心に重い負担がかかり、それがバレないようにと、次々にウソをつくようになる。するといつしかどんなウソをだれについたのか分からなくなり、ストレス・ストレインはつのる一方である。これがすべてなくなるから、酒や薬や快楽でごまかす必要はなくなり、それに誘発される浪費や不摂生や犯罪などはすべてなくなるのである。

　効きもしない薬をキクということもなく、儲（もう）かるといって大損を与える仕事師も姿を消す。今までウソをついてきた人は、この際すべてを告白して、あやまればよい。たとえ一生それを隠しおうせたとして、そのために被る[2]被害や因果応報にくらべると、懺悔と告白の一時的苦痛は何ほどのことでもない。すべての宗教で「懺悔」が重要視されるのは、ウソいつわりを消去し、本来の神性・仏性を表し出し、もってこの尊い実人生を「神の国」の平安と調和をもって飾ろうとするからであり、この一大創作劇には、たゆまざる練習の繰り返しが求められるのである。

1　粉飾＝ふんしょく
2　被る＝こうむる

初心

はじめを表す言葉に「初」と「始」の字があります。どう異なるのかと思って漢和大字典を引くと、初は時間のはじめで、始は事物のはじめをいうとありました。さらに「初」という漢字は「はじめて衣を切る」という意味の文字ですから、何回も切り直すわけには行きません。つまり一番大切な初元の心、それが「初心」ということになるのでしょう。

人はよく「初心者」などといって、習いはじめの人を軽んじますが、決してそんな安っぽいものではない。「初発心」[1]ともいって、「本来の心」のことを言い、その心を忘れるなというのです。

私たちがこの世に生まれてくるとき、まず母親の胎内で育ちはじめますね。この時の心が、さし当たってこの世での初心でしょう。胎児はいつも母の心音を聞いて育ちますが、心臓の音ばかりではなく、母の言葉も聞こえてきます。こうしてすでに生まれる前から、母の声の調子やアクセント、そして母国語の大体の意味を知るようになるのです。

その母が、父とけんかしたり、「おろしてこよう」などと話していると、胎児は自分を不必要としている父や母の心を感じ取ってしまいます。逆に良い音楽や、愛ふかい会話を聞いて育ち、幼少のころからよい躾(しつけ)をうけると、立派な人格が養われるのです。父母の育て方次第で、わがままですぐキレてしまう人間になることも、よくありますね。

この世での初心は、こうした学習が、前世からの「業」[2]の記録である「遺伝子」を活性化させたり抑えたりして、その人の個性を作り上げますが、本当の「初心」は、人間の「本心」ですから、智慧と愛とにみたされている「仏心」であり、「神の心」そのものであるということができます。

この心は、すべての人にすでに宿っているものでして、その本心をどれだけ現すかによって、現象界での幸・不幸が決まって来るのです。だから「初心忘るべからず」という教えは真実であり、単に立身出世をうながす教訓ではないのです。

1 初発心＝しょほつしん

2 業＝ごう

電報

現在は各種の通信機関が発達したので、昔のような手紙のやりとりや、電報などで急を知らせることが少なくなってきました。けれども電話やパソコンの通信では、何となくたよりないというので、今でも電報も手紙も使われています。ことにわが国では、配達さんの誠実な行動によって、確実に相手に届くという信頼があるので、ありがたいことです。

しかし最近では、どこかに年賀状がかためて捨てられていたとか報ぜられていますが、これはまさに人間の徳性の低下を示す警告でしょう。わが国が現在世界でも最低の金利水準になり下がっているのに、まだ国外へ逃げ出す人が少ないのは、国民の徳性や安全度の高さが大きな支えになっているに違いありません。

日本国内で電報が登場したのは明治二年（一八六九年）の十二月二十五日のことで、最初は東京横浜間だけだったそうです。世界で最初に利用されたのは一八四四年のワシントンとボルティモア間の鉄道用電信で、イギリスは二年後、さらにドイツはイギリスにおくれること二年といいますから、当時の世界の科学技術の発達の状態を映し出しているようです。

今は各種の特別電報がありますが、手の込んだ音響や額付きの慶弔[1]電報がドサリと配達されてくることもありますね。しかしこれは型式がきまっていますから、あまり発信者の「心」が感ぜられず、金額だけが目立ちます。やはり心のこもった「自作の文章」や自作の短歌や俳句がよいのではないでしょうか。

お客さんを手作りの家庭料理に招待するのと、どこかの料理店で高価なメニューを注文するのとの違いのようで、手紙では手書きのもの、そして電報ではせめて手作りの電文ぐらいが、「心」の贈り物として、いつまでも残しておきたい言葉のプレゼントだと思います。

もっとも危急の死やけがを伝える電報は、それが不安や不眠、さらには心筋梗塞(こうそく)を引きおこすこともあります。一方おわびやお礼の電報などは、練習を積んで実行すると、長寿や和解、さらには健康の妙薬でもあります。

1　慶弔＝けいちょう

屋台

人はみな何かを食べて生きていますが、何をどう食べるかによって、その健康状態が変わってくるものです。こうして長寿の人も出てくるし、生活習慣病になって、苦しい中年や晩年を送る人も出るという結果になります。しかも楽しい気分で食べるのと、苦虫を噛みつぶしたようにして黙々と食べたり、むさ苦しい所で、いやな人と、変なにおいをかぎながら食べるのとでは、大変な違いです。

近ごろは路上や石段の上にすわり込んで食べる人もいますが、それよりも昔ながらの屋台で食べた方が、よほど風流だと思いませんか。あれはごく気楽な食べ方で、しかも食器を洗って再利用されるという利点がありますね。さらにうまいものが安く食べられます。

わが国には高級な料亭もあり、洋食もあり、和食もある。中国料理も、インド料理も、何でもありますね。その上食品の質がすぐれているので、最近は外国人にも大もてのようです。かなり高価でも、どんどん世界的に広がりつつあります。ウドンやソバも大いに評価され、しかもそれらが屋台で食べられるという点は、大変すばらしい食のスタイルではないでしょうか。

ただ一つ、屋台では、それが外部の風景や自然環境にしっくりマッチしていることが必要で、お花見やお祭りには、ピッタリしているようです。しかし時には、不自然な音楽を鳴りひびかせたり、美しい花にふさわしくない屋台もないわけではありません。

かつてある梅の名所に行ったとき、その周囲から変なにおいが漂ってきました。それは梅園の周囲に集まってきた屋台で焼くイカの臭気でした。あまりに多くの屋台で焼くにおいは、梅園の雰囲気にもそぐわず、残念な思いで立ち去ったことを思いだします。

だいぶ昔のことでしたから、今は改善されたかもしれません。食事は舌やのどで味わうばかりではなく、目や耳や鼻でも味わうものでしょう。たのしい会話は、その明るい内容によって、すぐれた健康食となるものだと思います。

文房具

文房具というのは読んだり書いたりする道具ですから、小さな物といった印象で、子供のころから親しんできました。ところが最近では、タイプライターやワープロ、パソコンなどの大きな道具が現れて、万年筆もあまり使われなくなり、ボールペンやシャープペンシルを使うといった傾向でしょう。

私もこの流れに沿って、かなり早くから、まず菅沼[1]タイプライターを使いました。当時はワープロもパソコンもなく、漢字とかな類を集めた文字盤の上を、一つずつ拾って打つ面倒なものでした。次いで円筒形の文字盤の活字を拾って打つ東芝のも使いました。速度は多少速くなりましたが、字数が制限されるので、難しい漢字を拾うのに苦労しましたね。

その後ブラザーのかな専用タイプを使ったこともあります。タイプライターは、平がな用とローマ字カナ用とがありますが、もっぱらかな専用のを使い、今でも戸棚の中に眠っています。これを使うときは、英文のように分かち書きをするのです。漢字にする所は赤で打ったり、線を引いたりして、あとで清書するのでした。英文タイプでも打ってみましたが、これは読みにくくて、すぐやめました。

これらのタイプライターもやがて電動化されて速くなりましたが、ワープロが出てきて一層便利になりました。早速見本市に出かけ、当時百万円以上の新製品を買ったときは、その重量と金額とに感嘆したものです。この「大型文房具」も急速に小型化し、能率もよくなり、値段も下がりましたが、今は原稿や手紙やはがきも、主に万年筆やボールペンで書いています。

どうしてかというと、ワープロやパソコンでは、手書きの文章とニュアンスが違ってきますね。さらにまた万年筆でも、カートリッジに入ったインクではなく、インク壺から吸い込むのを好んでいます。空[2]になったカートリッジのムダが、何だかもったいないようですから。エンピツ書きも、なかなかよいものですね。速く書けて、すぐ消すことができますから。

1　菅沼＝すがぬま
2　空＝から

童心

人はみな、母の体内からオギャーと生まれてくるまでに、胎児として育ち、やがて誕生してくるでしょう。それまでの間胎内では、生まれ出てからすぐ何をどうしたらよいかを学習し、練習をしますね。小さな手足を動かしたり、羊水をのんだり、それを小便として出したりしています。

さらに母親の心臓の音を聞き、母親の声や、父との会話などを聞き、その声の特徴を知るようになるのです。だから生まれてすぐにでも、母の声が母だと分かるし、母の言葉の意味も、何となく分かり、その懐[1]にいだかれ、聞きなれた心臓の音の中で、安らかに眠るのですね。むやみに振りまわされて、そのおかげで眠るのではありません。

こうして生まれる前から、母や父によって教えられ、父母を慕う心をもつのです。その父母が、仲がよいか、けんかばかりしているかで、幼い心にもいろいろな印象が刻み込まれ、大きくなってからの生活に影響を受けるものです。

よく「幼な児の心を持て」といい、童心をほめたたえますが、それはギャーギャーと泣きわめいて、我意を通そうとする心をたたえるのではありません。本当の童心とは、そのようにゆがめられた心ではなく、人間のもつ本来の心、そのままの心、素直な心を尊んで、道心と言ったりもします。

キリスト様も、

「幼な児の如くならずば、天国に入るを得じ」（マタイ伝第十八章）

と教えられ、さらにこのような幼な児を受け入れる者は、キリストを受け入れるのと同じだとまで言われました。

このような純粋な童心は、幼い子供が持っているばかりではなく、どんな人にもある「本心」です。だからその心が人々を感動させ、解脱した人の心とも一致するのです。仏教的に言えば、如来心であり、道心であり、「そのままの心」です。だからこの肉体が年取ったら消えてなくなるような、一時的なものではなく、永久に持ち続ける宝物の心ですね。大切にしたいものです。

1　懐＝ふところ

お見合い

近ごろは見合い結婚というより、恋愛結婚の人が多くなったようですが、昔はお見合いが一般的でした。もっと昔には略奪結婚もあったようです。かつて私が初めてブラジルに行ったころ、ある奥さんが、写真結婚をしたというのでした。ある男性の写真を見ただけで、はるばる船に乗ってブラジルまで来た。サントスの港についたところ、だれも迎えに来てくれていない。人をさがしているような年配の男性がいたので、聞いてみた。するとその人が、自分の探していた結婚相手の父かと思って、例の写真を見せると、「それは私の昔の写真です」と言った。仕方なくその人と結婚したが、だまされたと思ってうらんでいたので、長い間夫婦不調和だったというような話でした。

お見合いは、やはり写真だけでは、背の高さも分からないし、いつの写真かも分からない。やはり本人と見合いをしなければダメですね。

しかしこんな例もあります。三十回以上もお見合いをしたが、いつも女性の方から断られたという話でした。この男性はお見合いの席でほとんどしゃべらず、固くなっている。学歴や年配は問題ないが、すこし交際してみても女性の方が断ってくる。無口すぎたからでしょうが、よく聞くと母親の育て方が悪かった。小さいころから、母親がうるさく口出しをして、子供は物を言うスキがなく、自信もなくなっていた。ことに女性に対しては、母親を連想するのでしょうね。

その点を母親が反省し、心を入れかえたところ、やがてすてきな女性と結婚することができたと、その母親から聞いたことがありました。見合いも三十回以上となると、相当なもので、「もうダメ」と思って失望落胆するかもしれません。しかし決してダメではありません。何でも練習をつむにつれて、上達するし、人生観が明るくなり、表現力がついてくると、幸せな結婚に結びつくものです。

だからお見合いは、やり方によっては有効のようです。しかし残念なことに、私はまだ一度もお見合いをしたことがないのです。孫は十六人もいるのですが。

平凡

信仰を求める人の中には、奇跡的な救いとか、奇跡的な事件をその成果と思う人がたくさんいます。難病が奇跡的に治った。だから、ありがたいというのですが、それよりもっと好ましいのは、今日も元気で平凡な一日を送った。どこも痛くもなく、きのうと同じだったということではないでしょうか。

今年の七月二十三日に全日空61便がハイジャックされ、残念なことに機長さんが殺されてしまいました。こんな一日は、平凡な一日ではなかったといえますが、何事も起こらず飛行機が飛び、列車が走り、一日が平凡に終わるのは、大変結構なことで、退屈といえば退屈、といえるかもしれませんね。

しかし退屈なのは、奇跡的な事件が起こらないからではなく、ただ進歩向上を心掛けない人の心によるもので、平凡が悪いのではないと思います。例えば一日一善を心掛けていると、「何か善(よ)いことはないか」と探し回ります。「アッ、こんな所に食べ残しの弁当カスが捨ててあった」というわけで、それを拾って片づけると、ちょっとした感動がわいてきます。平凡な一日であるような、そうでもないような、一種のスリルを感ずるでしょう。

朝奥さんが新聞を持ってきてくれたとき、「どうもありがとう」と言ってみると、平凡な一日でも、とてもさわやかな気分になるものです。さらに食卓では、いつも黙々とまずそうに食べていたのに、

「このみそ汁は、おいしいね」

と言ってみる。

「きのうと同じおみそでしたよ」

と奥さんが答える。

「きのうもおいしかったよ」

といったような会話が続くと、夫婦円満と健康の増進がもたらされますね。


先日知人からボール箱に入ったビールをいただきました。しかし私は酒類をのまないので、だれにあげようか、と考えましたが、ふとラジオのスイッチをひねると、女性の歌手さんが、お酒をふろに入れて入浴した話をしていたので、「これだ!」と思ったものでした。

団らん

多くの人が集まって、楽しそうに話し合うことを団らんと言いますが、悲しい話や、人の悪口を語り合うのは、団らんとは言わないようです。けれども事と次第では、いつの間にか人のうわさが悪口に変わったり、意見が分かれて、論争になったりすることもあります。

団らんのらんという漢字（欒）は、数珠[1]なんかにする丸い種子のなる木の名前で、小枝がもつれてからみ合っているから、人の集まりに使った字だということです。木の枝や実[2]は物を言わないから、いくらからみ合っていてもよいでしょうが、人の集まりとなると、からみ合ったり、いがみ合ったりするのは困りますね。木の実以下になってしまいます。

ことに一家団らんとなると、楽しい話し合いが最高でして、それには言葉を選ぶ必要があります。つまり悪口やかげ口は言わないということでしょうね。使うのは明るい言葉や、楽しい言葉、希望、夢、さらにユーモアが入ると最高です。

しかも団らんは自由な雰囲気でやりますから、あれはだめ、これもいけないといった禁止条項がつくと、ギクシャクしてしまいます。そこで楽しい団らんには、各人が明るくて気持ちのよい話題を選ぶしかありません。だからその人たちの顔が、すでに本当の団らんになるかどうかを予告しています。

明るくてうれしそうな顔は、明るい言葉そのままです。だからむつかしい顔付きをほぐすことから始めるとよいでしょう。それには、子供のころから練習をすることですが、近ごろは少子化現象で、団らんの機会がすっかり減ってしまいました。食事の時でも、少ない家族が別々に食べるというのでは、子供たちに団らんの楽しさが伝わりませんね。朝と夜とのあいさつも交わさない人が、いっぱいできてしまいます。無表情で、だまりこくって、人とぶつかっても一言も発しない。ハイという返事もしない。そんな冷たい社会になってしまいそうです。

これではいくら物やケイタイや自動販売機がふえても、「豊かな国」とはいえないのではないでしょうか。

1 数珠＝じゅず

2 実＝み

懸念

近ごろは懸念という言葉をケネンと読みますが、昔はケンネンとも読みました。心がひっかかる、心配するというような意味ですね。しかし仏典で係念・繋念などと書いてケネンと読むときは、心を一点に集中して、他のことを思わないという思念集中の意味で、瞑想することに使われてきました。

そのような良い意味ではなく、ただ心配して、気掛かりになり、ああでもない、こうでもないと思い悩む状態は、まさに現代的ですが、「おすすめ品」というわけにはまいりません。入学試験や就職試験で、入れるか落ちるかと心配している状態が続くと、心臓にも胃袋にも負担がかかり、さらにノイローゼということにもなりかねませんから、「懸念を去る」というのがよろしいようです。

ではどうやって去るのかというと、これが大問題でして、心配事は全部スカッと神様か仏様におまかせするのが「おすすめ品」です。だが、神も仏もあるものかという人もいますから、そういう人はせめて今日あった「よかったこと」や「楽しかったこと」などをしきりに思いだし、さらに「人や社会のよい所」を見つけるようにするとよいでしょう。

ことに子供を持っている人は、子供という宝物が与えられていることに感謝するとよろしいね。大きくなった子供の就職に心配していた奥さんがいたので、「その子供さんは、何歳ですか」と彼女にきくと、六十歳だと答えられました。そんなに大きくなった子供さんの就職まで心配していてはやり切れません。またご主人が先祖代々の山林を売るので困っている、どうしたらよいかときく人もいましたが、彼女はまだたくさんの山林を持っている豊かな家付きの奥さんでした。

世界には貧しい人や国もたくさんあり、食うや食わずの生活を送っているのに、物質に恵まれた国にいても、懸念ばかりして暮らすのではつまりません。肉体が死んでも、無限に生き通す「いのち」の世界があることを知ると、すべての懸念がいつか消え去って、とても楽しい毎日が続くことになるものです。

1　入れる＝はいれる

働く

人間には働くことがとても大切です。なるべく遊んで、働かない方が楽だと思う人もいるようですが、仕事もなく、何の役にもたたず、ただぼんやりしていてごらんなさい。とても悲しくなり、生きがいが感じられなくなるでしょう。

「だから大いに遊ぶんだ」

というかもしれませんが、昔から「うごくこと」を「はたらく」と言ってきました。魚でも動いていると「はたらく」と言ったし、日本語の語尾の変化も「はたらく」と言いました。働くという漢字は、人が動くと書いてありますが、人ばかりではなく、あらゆるものが動くことを「はたらく」と言ったのです。

最近になると、働くは「はたを楽にすることだ」などという人もいますが、別に楽にしないで、困らせても「はたらく」というのでして、「泥棒をはたらく」という言い方もありました。

しかし人が単に動いているだけでは、決して楽しいとはいえませんね。他人から無理に働かされ、いやいや働いたときには、一刻も早くこの労働を切り上げて、楽になりたいと思い、「労働時間の短縮」を叫んだりするのです。しかし果たしてどれだけ短縮したら満足するのかというと、それは人の心の持ちようで、いろいろさまざまでしょう。

人が仕事に熱中し、しかもその仕事が世の中のために役立つと思えるときは、何時間でも働けるし、いくら働いても疲れず、かえって健康となりいきいきするものです。だから、人から命令され、いやいや働くのではな

く、たとえ形は命令されたようでも、

「これはありがたい。自分のやりたい仕事だ」

と思い直して、よろこんで取り組み、力一杯で働くことをおすすめします。しかも体を動かして、実行し、実験し、現場で活動するということがよいようです。老人でも、なるべく体を動かして、何かの役に立つ毎日を送ると、寿命が長持ちします。手足の動きによって脳髄も活性化し、脳細胞が衰えないのだという研究発表もありました。

大晦日

晦日は三十日（みそか）のことですから、毎月の三十日、つまり月末のことですね。けれども年に一度訪れる十二月三十一日は、晦日の親分格ですから、大晦日と言い習わしたのでしょう。「おおつごもり」とも言いましたが、「つごもり」とは「月ごもり」陰暦では月が隠れてみえなくなる日を言ったのでした。

けれども一月一日がある限り、大晦日は毎年やって来て、「もうすぐ新年だ」と期待に胸を躍らせたり、借金に追いかけられたり、おせち料理作りにはげんだり、はげまなかったりする日です。外国では、日本のこの風習は、元旦になって食事を作ると罰せられるからだと、変な誤解が記事になったりするそうです。

けれどもこんな特別の日は、人間の心が作りだしたもので、自然界の地球はいつもと変わらず太陽の周囲を回り続けているし、ちょっと止まってくれたり、特別速く回り始めることもありません。大晦日の夜半になっても、年が明けても、除夜の鐘が鳴っても鳴らなくても、何の変わりもなくそのまま動いていくようです。

さて今年の大晦日はすぐさま二〇〇〇年の元旦になりますが、人間の作ったコンピューターは、その働きが狂って、もしかすると停電したり、医療機械が止まったりして、人の命にかかわってくるというから困りものですね。現代人は発明や発見によって大変楽になり、命を長持ちさせ、短時間で遠くに旅行したり、パソコンで買ったり売ったりすることができ、臓器移植も可能だといいますが、一方ではそのために多大な料金を支払

い、時には衝突事故やウランの臨界事故で世界中を騒がせたりしていま
す。
　けれども自然はいつもしっかりした法則で動き、限りなく広大無辺で無限の知恵に満ちあふれ、私たちに「死」と呼ぶ人生の大晦日を与えてくれました。しかし大晦日が元旦とつながっているように、次に必ず正月という「生」が来るのです。だから私たちはみな限りなく生き続けると信じて、力いっぱい明るく正しく暮らしてゆこうではありませんか。

四　平成十二年～十三年に「語る」

弁当

最近の弁当は、とても種類が多く、いろいろな店で売られるようになってきましたね。でも私には、「日の丸弁当」といわれた弁当が、いつも日に浮かぶのです。これは白いごはんの中に、赤い梅干しが一個入っているだけの簡単な弁当で、一番安上がりでしょう。これが大好きだったのではなく、むしろその反対でした。

その訳は、私が小学生のころ、友達にN君という大柄な同級生がいて、よく一緒に弁当を食べました。そのN君が毎日梅干し一つの弁当を食べていたのです。その外のおかずは全くなくて、時には梅干しも入っておらず、生[1]のミソがちょっと入っているくらいの粗末なものでした。しかも彼はその弁当を、「自分で作る」と言いました。

「お母さんはしないのか」と聞くと、「作らない、まだ寝ているよ」と言いました。病気ではなくて、彼のお母さんは、本当のお母さんではなく、早起きしてくれないのだそうです。

　けれども彼は、それ以上母の悪口は言いません。私が彼の家に行った時も、彼は母に礼儀正しく話していました。朝寝坊のこのお母さんは、小太りで、あまり健康そうではないのでした。そのうち私たちは小学校を卒業し、中学校は別の所に通ったし、私は遠くの県に引っこしたので、N君とは音信不通になったのです。

　しばらくたってから、ある日別の友人にN君の消息を聞くと、彼は死んだと知らされました。どうして死んだのか、病気かどうかも分からず、ただ死んだという。それ以来私は粗末だった彼の弁当のことばかり目に浮かび、もしかしたら栄養不良で死んだのかとも思いました。

　現代のように栄養たっぷりの弁当が町にあふれているような時代なら、梅干しだけの弁当を食べる人もいないでしょうが、その代わり偏食が目立つようです。今年のおせち料理はとても売れ行きがよいそうで、これも弁当の一種でしょう。しかもコンピューターの誤作動と関係してよく売れたといいますから、N君の死も、あの粗末な日の丸弁当と関連があるのかもしれません。

1　生＝なま

名誉

人はだれでも、名誉を大切にします。名の誉[1]れですから、自分の名前が皆で持ちあげられるのを喜ばないはずはないでしょう。しかし名はコトバという意味ですから、人は生まれてくると、それぞれ名前がつけられます。するとそれをご祖先に報告して、姓の中の一員に加えられる、というのが古来の仕来り[2]でした。

そして姓の中にたくさんの個人の名があり、その名がそれぞれの人格を代表しています。コトバが人格でもあるし、人格ばかりではなく、一切のものを作りだす力を持っているからです。

そこで人の名が真実の誉れに値するには、その人が神のコトバのごとく善い行いをし、善いことを言い、善いことを心で思わないといけないでしょう。この身・口・意の善さが失われると、いくら表面的な名誉が与えられていても、その名誉はいつしか消えてしまうのです。

仏教ではこの身・口・意を「三業（さんごう）」と言い、それらがすべて広い意味でのコトバですから、善悪の業績を作りだしてゆく。そして善業が善果を生み、悪業が悪い結果を現しだしますね。だからどんな名誉職や勲章を持っていても、本当に善い行いや、よい言葉、よい心でもって生活していないと、悪業の結果が出てきて、名誉を失うことになってしまうのです。

世の中には、こうして、人や国や団体の名誉を失墜した例が、数かぎりなくあります。その反対に、表面的には何の名誉も地位も財産も与えられていないようでも、神のコトバ、つまり愛や慈悲を生活の中にあらわしだす人は、名誉ある人生を送った人といえるでしょう。このような名誉こそが、本当の名誉であり、神の誉れ、み仏の称賛に値する人びとです。

　だから世間的な地位や名誉や財産などは、本当はあってもなくてもどうでもよいのに、そんな名誉のレッテルにしがみついて、いばっている人びとは、つまらないですね。偽[3]の名誉という影をつかんであくせくするのですから、無の幻影を追いかけている愚かな人びとといえるのではないでしょうか。

1　誉れ＝ほまれ
2　仕来り＝しきたり
3　偽＝にせ

健康法

人は健康であることを求めて、まじないをしたり、薬草を探したり、はりや灸[1]を考えたりしました。やがて薬品や注射、点滴、手術なども発達し、ついに臓器移植や遺伝子治療まで進みましたが、一番すぐれた安全な方法は、病気にかからないことであり、けがをせずに長生きすることではないでしょうか。

しかしそのためには、平常心[2]を大切にして、クヨクヨと心配したり、悩んだりしないようにしなくてはなりません。心が痛むと、肉体にも故障が起こってくるからです。つまり心身相関[3]といって、心と体とは強く影響し合うからです。

例えば人はうれしくなると笑いますね。うれしさを表現しているのでしょう。顔だけが笑っているのではなく、顔も胴も手足も皆つながっていますから、当然内臓も変化して活動する。内分泌系や神経系も調子がよくなり、順調な活動をしますから、健康がたもたれるのです。

だから明るく楽しく生きることが、健康法の基本といってよいでしょう。しかしそのためには、自分勝手なわがままを言っては、必ず人と対立しますから、ひとのためを思うという愛の心が大切ですね。しかも肉体は一種のオートメーションの機械ですから、その機械に必要な正しい食物を与え、よい習慣性をつけなくてはなりません。

つまり肉体にとって有害な物質は取らないようにし、規則正しく呼吸や飲食をすることが大切で、朝昼晩の食事をバランスよく食べ、野菜や果物やタンパク質、でんぷん、脂肪、甘味料、塩分などを適量に取ることが必要です。とくに食物繊維という、吸収されにくいものを取ると、体に抵抗力をつけるのに役立ちます。この人生では、一見不必要でも、何かの役に立っているものがあるのです。

こうして生活習慣を正常化し、天地万物に感謝することです。人は長い年月をかけて肉体を成長させてきました。その材料は全て地球上の動植物と空気や水などです。これらに感謝して、世界中の人々に「ありがとう」をいう心が、健康法の根本といえるのでしょう。

1　灸＝きゅう
2　平常心＝へいじょうしん
3　相関＝そうかん

進化

近ごろわが家の庭に、ノラ猫たちが住みついて、人の顔を見ても平気な顔をしているのです。そのノラさんの中には、尻尾(しっぽ)が小さくなった猫と、大きな尻尾のとがいて、どちらが進化した猫か、退化した猫かは不明です。しかし尻尾だけについて言うと、小さくちぢれたのは退化したのでしょう。人間も昔あった尻尾の退化したあとが残っているように感ぜられます。しかし人間そのものは、むしろ進化したといえるのでしょう。

しかし一体何が進化したのでしょうか。人格や知恵や愛が進化したとはいえませんから、肉体について言うのでしょうが、肉体は人間の「本体」

ではなく、人間の魂が使う「道具だ」と考えられますね。そうでないと、いくら人々が「自由」や「平等」を求めても、「肉体」には自由も平等もありえないからです。いつかは死ぬ肉体には自由がなく、「平等の肉体」などもありえないからです。

肉体が道具であり、一種の乗り物か万能機械のようなものだとすると、それが次第に変化し、ある段階ですっかり形の変わったものになることは、よくあることです。例えばかつての戦争中、自動車会社の工場から、飛行機が生産された時期がありました。軍用機の数が足りなくなったからですが、では「自動車が飛行機に進化したのか」というとそうではなく、同じ工場から生産されたというだけでした。

つまり進化の原因は「設計の変更」だったといえるでしょう。しかも設計図は「心」が作るのであって、動植物の細胞には遺伝子として書き込まれています。その解読が今行われていますが、物質的理由による変更は小さなもので、主として「設計者の心」が別のものを作成します。人間でいうと、肉体の主人公である魂（心）が作り出すといえるでしょう。しかも人の心は「神の国」といった「理想的なもの」を考え、神や仏を求めます。だから、人間の進化は「理想的なもの」に向かって進んでいくに違いありません。それは他にはない人間だけにある優れた特長ではないでしょうか。

老い

人がこの世に生まれてくると、誰でも年を取り、やがて死んでしまいますね。しかし若い人たちが一年ごとに年を取っても、「老いる」とは言いません。伸びざかりだからでしょう。中年をすぎるころから、次第に老いると感じるのですが、これも大変主観的なもので、若いころの続きで、相当の年配になっても、まだ「老いた」と感じない人もいるようです。

私の青年時代は、戦争の最中で、いつ死ぬか分からない状態でした。だから老いることなどは、全く考えられない毎日でした。しかし死とはいつも対面していましたから、私の友人たちはほとんどこの世を去り、いつの間にか八十歳を過ぎてしまいました。でもまだ青年のような気分で、ピアノを弾いたり、カメラをふり回したりして、原稿も書き、本を出したり、時にはゴミ拾いをしてみたりしています。

肉体的にもなるべく歩いて通勤し、自動車に乗ることも差しひかえ、電車やバスを愛用して、地球の資源保護にも協力しているありさまです。けれどもこんだ電車に乗ると、よく席を譲られたりします。するとやっぱり年老いたのが分かるのかと気付くと共に、親切な若い人たちに心から感謝してお礼を言い、ゆっくり腰を下ろして、うれしがっています。

近ごろの青年たちは、ひとりよがりでわがままで、「年寄りはいらない、死んでしまえ」などという人もいるようですが、そうでなく思いやりのある、礼儀正しい若者も中年の方も、たくさんおられます。昔の人は皆同じように老人を大切にしたのかもしれませんが、今の世の中は多様化したので、青年男女も実にいろいろな生き方をしているようですね。

老人も同じように多様化していますから、六十歳代で「老いた人」もいますが、百歳近くなっても大学へ通ったり、博士[1]号を取ったりする人もいて、実に面白い世の中となりました。こうしてこの世ではいろいろの体験を積み、正しい信仰をもち、人生の意義を自覚して、善行の楽しさを味わい、また次の生まれ変わりの世界に入ってゆきたいと思うのです。

1　博士＝はかせ

同級生

私は幼稚園に行きませんでした。そのころまだ幼稚園がなかったようで、愛媛県今治市[1]に住み、近所の子供と遊びました。レイ子ちゃんという子と仲良しで、同級生みたいでした。やがて小学校に入ると、男の友達ができ、一緒にお城の石垣に上ったことを覚えています。石垣の上にはサイレンが備えつけてあって、十二時になるとブーと鳴るので、ブーと呼んでいました。

そのブーへ上りつこうと思ったのですが、途中上り切れず、下りられもせず、進退に窮して泣きわめいた記憶があります。するとその友達が、だれか大人の人を連れてきて助けてくれました。だから大人と友達は「助けてくれる、ありがたい」と思ったものでした。

小学校は三回転校しました。父が転任するからです。次は萩市に移りましたが、貧しい同級生と仲良しになり、彼が毎日新聞配達をするのを手伝いました。壊れた乳母車[2]を引っぱって、そのガラガラという音が面白くて、とても愉快でした。

同級生には一人算術と習字の上手な子がいて、彼はいつも冬になると薄いシャツ一枚で震えていました。私は彼をとても尊敬していたのですが、そのうち転校して岡山県の玉島に行きました。その小学校は男女共学で、不思議なことによくできる生徒のクラスと、中くらいのクラスと、あまりできないクラスと三つがありました。

その時の同級生の一人に呼び出されて、ケンカをしました。田んぼの真ん中で一対一でやるケンカだからと安心していたところ、彼は自転車のチェーンで私をぶん殴ったのです。そこで同級生もあぶないなと分かり、私は警察で剣道を習いはじめました。

さらに旧制の中学から旧制の高校を経て大学に入ると、あの大戦争が始まり、同級生たちはほとんど戦死してしまいました。だから今は、彼らに会うことはできません。そのうち私も霊界に行くでしょうが、あちらでもまた新人生が始まり、いろんな人から教えられるのを楽しみにしています。

1　今治＝いまばり（昔は　いまはる）

2　乳母車＝うばぐるま

誤算

人がこの世に生まれて、しばらくするといろいろと覚えはじめ、学校に行くと計算などやらされますが、間違った答えを出すことがあります。

時にはひどく悪い点をつけられた答案が返ってきますが、これは答案用紙の答えが間違っていただけで、頭が悪いのではない。それを正しく直せばやがて百点満点ということになりますね。

人はこうして正解を求めて努力しますが、いつも最初の計画がうまくいくとは限りません。大きくなったら病気してやろうと思う人はいないのに、つい病気をしたり、仕事の計画がうまくいかずに失敗するということなども起こります。その度に「自分は頭が悪い」とか「もうだめだ」などと思ってはいけないのでして、実は大切なことを学習して、進歩向上の真っ最中だと考えるべきでしょう。

私はそのような誤算をたくさん経験しました。若いころの私は宗教家になろうなどと考えたことはなく、エンジニアになろうと思い、当時の旧制高校の理科甲類に入りました。そしてすぐ柔道部に入ったのです。ところがこの高校では寝技ばかりやるので嫌気がさして来ました。すると慢性の胃腸病になったのです。

そこで退部して、放課後いろいろな本を読んでいると、哲学や文学に興味を覚え、エンジニアになるより、大学では文学部に入りたいと思い、心理学を専攻することにしました。しかしこれも誤算だったらしく、当時のゲシュタルト心理学には熱中できず、小説や美学や、そんな別の課目に心が引かれる毎日でした。

そのうち大東亜戦争が始まり、昭和十六年の十二月に繰り上げ卒業となって、十七年二月軍隊に召集され、浜田の連隊に入りました。そこで敵前上陸などの訓練をうけているうちに、肺結核に侵され陸軍病院に入院し、「生命の實相」という本をよみ始め、全治したら生長の家の仕事をしたいと思い出したのです。

こうしてやっと人間の本質は何かとか、人は肉体が死んでも、魂は不滅だという信仰を得て、誤算もまた心の奥底の願望へと導く変形コースであることを知らされたものでした。

氷菓[1]

昔なつかしい私の氷菓子[2]は「かき氷」でした。子供のころ暑い夏の日に、この簡単な氷に蜜やいちご汁をつけたものが、大変魅力的でした。けれどももっと幼いころは、おなかが冷えるといって、食べさせてもらえず、我慢の毎日でした。その後氷菓子も進化して、棒にさしたものや、シャーベットとかアイスクリームとなりましたが、やはりぶっかき氷が一番よかったと思います。

戦後になったある日のこと、英語教師のアメリカ人から「君は一日にアイスクリームをいくつ食べるか」と聞かれて、一つくらいと答えたところ、彼はびっくりして、「少ない、私は十二個食べる」と言いました。

そういえばかつてハワイに行ったときアイスクリームを注文したところ、とても大きいのが幾つも出てきて食べきれませんでした。経済力の違いかそれとも食文化の違いか、とにかくゼロ戦とB29の違い以上だと思ったものです。

ところが現在の私は、暑い日も寒い日も、冷たいものは好まず、温かいお茶くらいを飲んでいます。朝は起きがけに、湯ざましの水を飲むのが習慣で、牛乳も六〇度くらいに温めて愛用しています。

これらの食習慣は、幼いころ氷菓子を制限されたせいかもしれません。何事によらず幼いころ習得したことは、忘れたと思っても、晩年あたりには出てくるものですから。よく信仰など若いうちはどうでもよい、「死にかかってからやればよい」などと言いますが、やればよくても、やらないで死ぬという結果になりやすいものです。

ことに現在の若者の氷菓の食べ方では、甘味が増大している関係上、どれほど甘く成長するかと思いやられます。その上歩きながら食べたり、路傍に腰を下ろして食べ放題というにいたっては、日本の将来が「甘すぎて冷たすぎる」状態になることを予告しているようです。

もし人々が、人生の目的を「欲望を満足させることだ」と思い、それを自由社会の特権だと錯覚しているならば、やがて「氷りついたおかしな世界」が訪れてくるかもしれません。

1　氷菓＝ひょうか

2　氷菓子＝こおりがし

運命

人はよく「運がよかった」と言ったり、「運が悪かった」と言いますね。運のよい人は、株が上がって大儲けをし、運が悪いと自動車にハネられて死んでしまう。人間が自分の主人公ではなく、運が人間を支配しているようですが、果たしてそんな人間でいいものでしょうか。

泥棒でも運が悪いとつかまってしまう。賄賂（わいろ）をもらっても、運がよいと知らぬ顔の半兵衛[1]で、いい所へ天下りするというのでは、社会正義は成り立ちません。だからどうしても、運命の支配者は、自分自身であると信ずる外はないのです。つまり運命は自分の心が作り出すのであって、その逆であってはいけないのです。

ところが悪事を働いていても、運よく見つからない人もいることはいる。しかし本当をいうと、悪い行いは悪い運命を作るのです。ただその悪事が今すぐ表面に出てこないだけで、やがて悪事は悪業となってドカッと悪い報いが出てくるし、その反対に善いことをしておれば、どんな小善でも積み重なり、やがて大きな善い運命となって、現れてくるものです。

これが「因縁果[2]の法則」であり、古今東西を問わず共通の原則だと言えるでしょう。しかし現実には、善人が不幸になったり、貧乏でいたりすることもよく見られます。それは一種の「貯金」のようなもので、善行のたびに善果があらわれるのではないからです。

そしてこの業（ごう）の法則には利子もついて、あとになるほど大きな幸運となったり、悪運となるのでして、最近までの日本のゼロ金利などという変なものではありません。

ではその運命はいつどこに現れるか。これは次の人生（次生）に生まれるときに、かなりの部分出てくるようです。

さらに後生にも出てきます。現世にでもいたる所に、しかもちょうどよい時期に出てくるのでして、それがいつどんな形で現れるかは不明です。それはちょうど芝居見物のように、いつ誰がどうなるかが分からない方がかえって面白いようなもので、この人生劇場は「運命」の形で千変万化し、実に楽しい限りですね。

1　半兵衛＝はんべえ
2　因縁果＝いんねんか

沈黙

現代オリンピックの競技では、選手たちは金メダルを取ることに熱中して、銀だと「くやしい！」と叫ぶ人もいるようですが、昔は「沈黙は金なり」と評価され、「雄弁は銀」と、一段格が下ったものでした。たしかに沈思黙考することも尊いし、宗教的な瞑想や黙祷[1]は、金以上の重要な役割を持つものです。

けれども現代の日本人が、とかく海外で「沈黙」を乱用すると、国際会議では常にマイナスの効果を発揮し、「腹黒い人間」と見なされたり、いろいろと誤解されることがあります。もっと困るのは、人と出あっても挨拶をせず、道で人とぶつかっても、大きな鞄がゴツンと相手に当たっても、ウンともスンとも言わず、沈黙のまま過ぎ去る人びとです。

銀行や医院などの待合室でも、名前を呼ばれて返事もせず、何か書類を渡されても返事をせず、沈黙のまま去って行くといった光景もありますが、これは言葉の力と効用を無視した人類の退化してゆく姿といえるのではないでしょうか。

こうした傾向が助長されたのは、店で買い物をするとき、沈黙のままですますことができるし、店に並んだ品物を、自分勝手にいくらでも籠に入れて、レジでも黙ったまま用が足せるからでしょうか。街には自動販売機がふえ、その前で挨拶をする人などはいない。もし「ありがとう」といって機械にお礼を言ったら、変な人と思われるに違いありません。

こうして沈黙を習慣づけられた人たちがやたらにふえた現代社会は、暗くて荒れた都市になってしまうようです。それに引きかえて、沈黙を沈思黙考に進化させ、さらに神を思い仏を念ずる信仰として訓練するならば、このような沈黙はたちまち金以上の輝きを発揮するに違いありません。

何故なら、私たちが心の中に深く思い描く内容が現実化してくるからです。つまりコトバが人生を明るくもするし、暗くもする。そしてコトバは口で言う言葉ばかりではなく、行動や心も「沈黙」もコトバであり、現実を左右する両刃[2]の剣[3]のようなものだからであります。

1 黙祷＝もくとう
2 両刃＝もろは
3 剣＝つるぎ

幼年時代

トルストイの処女作に、「幼年時代」、続いて「少年時代」「青年時代」と自伝的作品が出てきます。すると、幼年時代は少年時代に入らぬ前となりますが、昔の陸軍には「幼年学校」という、士官学校への予備学校もありました。

いずれにしても、人は幼いころに多くのことを父母から学びます。もし父母が音楽好きで、よく音楽を聞かせたりしていると、音楽家になって大成するかも知れません。人はみな三歳ごろから母国語を話せるようになりますが、そうでないと小学校や中学校からの学校教育では果たしてどんなものでしょうか。

そのようなわけで、私は日本語はよくしゃべれますが、外国語をうまく話すのは困難だし、音楽好きの父母がいなかったので、ついに音楽家にはなれませんでした。今考えてみると幼いころ、姉に連れられてキリスト教会に行ったことは覚えています。そして姉がピアノを習う代わりに、オルガンを弾いていたので、私もそのような楽器やバイオリンが好きになりました。

さらに小学校二年生から四年生まで、受け持ちの先生がお坊さんだったので、その人の日曜学校に通い、お経を読んだものでした。とてもよい牧師さんや先生でした。さらにもっと成長すると、機械いじりが好きになり、将来はエンジニアになって飛行機を作りたいと考え、旧制高校の理科甲類というのに入学しました。

しかし上級生になるにつれて、心理学や哲学、文学に関心が移り、とうとう心理学科のある大学の文学部に入りました。私は大正八年十月生まれですから、大東亜戦争が始まるとすぐ三カ月の繰上[1]卒業となり、昭和十七年に陸軍に召集されました。卒業後入隊までの間、中島飛行機という会社に入ったのでした。

だから幼年時代や少年時代に心に強く思ったことが、その後の人生に大きな影響を与えると感じています。だれでもみな幼年時代に何をし、何を学ぶかは、人びとの人生を決定する大きな要素になりますから、よい信仰生活やよい教育が強く求められる今日このごろであります。

1　繰上＝くりあげ

我と汝

自分のことを我と言ったり、吾と書いたりしますが、汝という言葉は「おまえ」とか「あなた」という意味で、現代文ではほとんど使われなくなってしまいました。中村元氏の『自己の探求』という本では、「吾は」という主格と、「我が」というような一人称の代名詞の対格に用いるのが、古来の使い方だったように記されています。

言葉は時代と共に移り変わりますから、今はもっと自由に使っていますが、どちらかというと「我」は「我が強い」[1]とか、「自我」といったり、「無我」の心をよしとするように、純粋な自己よりも、肉体的なガンバリや、自己主張のように使用されています。そこで我と汝とは、一見きびしく対立し、一致点よりも相違点が目立っているとされ、「自他一体」とか、「自他一如[2]」の真実が、見失われつつあるようです。

しかし本当をいうと、「自他一如」が分からないとこの世は混乱し、対立や闘争がどこまでも続くことでしょう。つまり「我」と「汝」との正しい関係の自覚が大切な人生課題だということです。

私たちは、いくら我[3]を張って自己主張ばかりを通そうとしても、本当に幸せな気分にはなれないものです。ところが他人に何かちょっとした親切な言葉をかけたり、人の喜ぶ姿を見ると、自分もうれしくなり、幸せな気持ちになる。つまり我と汝とは、共通の根を持っていて、心は通じ合うということです。

さらに自分独りでは、生きてゆくこともできないし、多くの人々の助力やおかげをうけています。これを押し広げてゆくと、どうしても「自他一如」となってしまいますね。「如」というのは「真如[4]」ともいって、仏さまの世界のことです。その世界から来生（らいしょう）せられたので如来さまといい、大いなる救い主として信仰されて参りました。

この真如の世界においては、自他は一であり、我も汝も一如である。そしてそれぞれが同時に個性的でもある。そんな状態が真実在の我と汝の間柄だということなのであります。

1　我＝が
2　一如＝いちにょ
3　我＝が
4　真如＝しんにょ

受験

この世では、どこかに入学したり就職する時、受験という関門をくぐることになります。何故そうなるのかというと、来てもらいたい側と、入りたいとか行きたい人との希望条件が必ずしも一致しないからでしょう。一致した人たちだけが行けるというわけです。

そこで有名校や会社などには、たくさんの人が応募し、どうしても受験で合格や不合格者を決めるのです。ごく自然の成り行きですから、これをいくら神仏に祈っても、神様や仏様がうまく取り計らって下さるというわけにはいかないのが当たり前ですね。

でも心配でたまらず、人はよくお参りしたり、祈ったりしますが、それで気が休まるのならストレス解消に大いに役立ちます。しかしいくら神様に祈っても、それだけでは合格しないもので、やはり本人が実力を向上させる努力を続けなくてはいけません。そのためには、自分に実力があり、それをいくらでも出せるのだという根本的な心構えが必要です。

人は本来みな無限力を備えているのですが、それを現実には現し出していません。それをさらに表現しようとして、人はこの世に生まれて来ました。だからこの世は大きな「人生学校」なのでして、そこに入学したのがお誕生ということになりますね。しかも父母がしっかりと「合格」のサインを出してくれたわけですから、先ず父母に感謝することから始めると、実力が出やすくなるものです。

そして毎日明るい心で、多くの人や物に感謝していると、成績がどんどん向上するでしょう。さらにこのような無限力を与えて下さった神様に感謝することが、とても大切な心構えだと思います。

一方もし落第したときでも、失望落胆してはいけません。もっと適した学校や職場がありますから、そういった所に進もうと、さらに希望に燃えて実力向上を続けることです。もし同じ所を受験したいなら、何回やってもよろしい。何しろ人の命は無限だし、生まれ変わって、またやるということもできますね。だからどんな受験でも愉快にやろうではありませんか。

声

近ごろはオートタイマーという便利なものができました。そこで私は毎朝自動的につくラジオの声で目を覚ましています。音楽が聞こえてくることもありますが、音も声の仲間ですから、聲[1]という古い漢字は、石板を叩く音を耳で聞くという象形文字でした。

さて一歩外に出ると、たくさんの声が聞こえてきます。小鳥の声や人の声、そして店から流れ出る拡声器の声などいろいろです。知人に出会うと挨拶をしますが、時には黙って会釈をしたり、笑顔でこたえたりします。だから耳に聞こえない動作でも「声」といってよいでしょう。

それは言葉ですから文字に書くこともでき、文章となり論文や法律や憲法ともなって、人々の運命や国のあり方を決めてしまう大きな力をもっています。

ところがこうした声や言葉は、外から入ってくるだけではなく、内からも聞こえてきます。「内なる声」とか、「声なき声」などといわれますが、これらの声の中に時には危険な声もあります。人殺しをした人の中には、内心の声で「人を殺せ」と言われたからやった、などと告白した犯人もいましたね。

こういった声は、とんでもない声でして、人間の「本心」の声ではないのです。迷妄や幻想といったものですから、それに従った人も後になるとさらに奥なる「本心」の声にとがめられ、逃げたり自首したりして処罰されることになるものです。すると大変な回り道の人生を歩むことになりますから、平素から「本心」を出すことを心掛ける必要があります。つまり善い声と悪い声とを聞き分ける訓練が大切で、幼児期には父母から教えられ、さらに学校の先生や立派な社会人から教えられるのが人生勉強の意義といえるのでしょう。

ところが最近の父母や先生方は、必ずしもそれを教えない。声に出して言うことをせず、家族がバラバラになって、テレビ・ラジオの声だけにまかせていると、成人式にバクチクを鳴らして面白がるといった未成人的成人が出来上がる悲劇が起こってくるものです。

1　聲＝こえ

草

草はどこにでも生えているようですが、実はそうではないのです。現に砂漠地帯では、今でも減少しつつあり、それも年々加速されています。草がなくなると、多くのけものや家畜が死に絶えて、地球の温暖化はますます進むでしょう。

だから草はとても大切な生物で、太古の地球にはなかったでしょうが、不思議ないのちの働きで、今でも地球上の生物のための下働きをしてくれる大切な生きものです。ところが人々はとかく「雑草」などと言って、すぐ引っこぬきますが、昭和天皇陛下ご一家さまは決してそのようにはなさいませんでした。

今でも吹上御苑[1]には、多くの珍しい草花が昔の武蔵野の面影を残しています。一木一草を愛されるその御心は、今も語り継がれ、御歌にもうたわれて、「草木国土悉皆成仏」を教えられた釈尊の涅槃経[2]そのままと言えるでしょう。

全ての立派な建物や組織も、それを下支えしてくれている土台や人たちがいて、それがしっかり支えていてくれるから、大きくそそり立っているのです。だから目立たないいのちを大切にして、むやみやたらに引っこぬいたり傷つけたりしないようにしたいものですね。

今私の住んでいる舎宅には庭がありますから、そこには自然に草が一杯生えています。そして春が来ると小さな花が咲き、やがて実がつき、静かに枯れて行きます。秋には枯れ葉が落ちて、それが下草を覆いかくし、虫を育て、やがて肥料となってくれるので、なるべく落ち葉を掃かないようにしているのです。草や葉の枯れたのが一面に散り敷いて、きれいなものです。

ところが都会では、道路ばたの樹木が落ち葉を散らすから掃除してくれとか、枝を切ってくれと注文されます。明治通りの表参道の交差点あたりでも、折角の街路樹が切り倒されてしまいました。

しかし草や木は、とても大切な地球の支え手です。切られても、ふみつけられても、黙ってふみつける人々をも支えている草たちは、何かとても大切なことを教えてくれているようですね。

1　吹上御苑＝ふきあげぎょえん
2　涅槃経＝ねはんぎょう

一～四章は平成八年八月から平成十三年三月まで、『産経新聞』夕刊紙上の「語る」欄に掲載されたもの、及び同紙平成十年、十一年の年頭に掲載されたインタビューと論文です。

五　赤い弓と矢の話

——原文は「光の泉」昭和二十七年一月号より四月号に発表。
昭和五十二年十一月二十五日発行の『黄色い燈台』改訂版（日本教文社）に収録——

1

むかし、南の海の果てに、かぶらき島《とう》という島《しま》がありました。島の王さまは金光《こんこう》さまといい、金光王にはおきさきさまとの間に三人のお姫さまがいらっしゃいました。ところがどうしたことか、一番上のお姫さまの森子《もりこ》さまは、生まれながら耳もきこえず、何一つ人間の言葉を話すことができませんでしたが、とてもよく見える目をもっておられました。

二番目のお姫さまの林子《りんこ》さまは手が一本しかありませんでした。これも生まれながらの一本の手で、身体の左の方はスベッとして電信柱をなぜるようにツルツルでした。けれども林子姫はするどい鼻をもってどのようなものでもかぎ分け、ひとの性質もその人の香りでわかるようなすばらしい御方《おかた》でした。

三番目の木子《きこ》さまは、きだてもやさしいし、御身体も美しく、どこもわるいところはない、すばらしいお姫さまでした。

けれども木子さまは少し変ったところがあって、時どき普通の人の目では見ることもできず聞くこともできない霊の世界のことが見えたりきこえたりするのでした。そしてときどき木子さまが、

「明日はあらしになりますよ」

とおっしゃいますと、その通り、明日になるとあらしになるのでした。

お父さまの金光王と、お母さまの千賀《せんが》さまとは、三人のお姫さまのことを大変心配なされ、お医者さまにみてもらいましたが、お医者さまの留《りゅう》さんは、

「三人のお姫さま方は、もともとこんなお生まれつきですからしかたございません。けれども御身体が悪いといって、家に閉じこもってばかりおいでになっては、かえってますます御身体のためによくありませんから、何か武術をお習わせなすったらよろしゅうございましょう」

と、金光王さまに申しあげました。そこで王さまはおきさきさまと御相談なさって、森子さまには槍を、林子さまには太刀《たち》を、木子さまには弓をお習わせになりました。

2

三人のお姫さま方はそれぞれの武術がとても上達せられました。森子さまは木にはっているアリでもさし通せるようになるし、林子さまは右の一本の手に剣をとれば、どんな獣でも一《ひと》うちにうち殺すことができるし、木子姫が強い弓をひけば、青空高く飛ぶツバメでも、カモメでも、一矢《ひとや》でまちがいなく射ちおとすことができるようになりました。

島中の若者たちは、口ぐちに三人のお姫さまのりっぱな腕前をほめたたえ、島中の者が、槍か、剣か、弓かをりっぱに使うようになりました。

ところである夜のこと、木子さまは夢をごらんになりましたが、そのと

きの夢の中に、白いひげを胸までたれた、こうごうしい神さまの姿がおあらわれになって、

「生きものを殺すことはやめなさい」

とおっしゃいました。

そのお声があまりに強く、こうごうしくひびきましたので、驚いてハネ起きた木子姫の耳の中に、まるで生き物のようにそのお声が残って、続いて次のようにおっしゃるのでした。

「あなたの姉さま方の不幸な身体は、みな、生き物や人間を殺したりいじめたりしたためです。だから生き物を殺すかわりに、生命《いのち》あるものを生かしてかわいがってあげるようにすれば、あの方々の身体も本当は治ってしまうのですよ」

おどろいて木子さまが、真暗な窓から森の中に向って、

「でも、姉上さま方は、決してひとごろしをしたこともございませんし、

むやみに獣や魚を殺したこともございません」

と申しますと、こうごうしいお声は、

「でも、人間は前の世で、いろいろなことをしてきたのです」

とおっしゃると、そのままもう何もお声はきこえなくなってしまいました。

3

それから木子さまはもう絶対に、一わのカモメも、一ぴきの虫も殺さなくなってしまいました。けれども森子さまと林子さまとは、妹姫の木子さまのおっしゃる夢の話のことなんかてんで信じなくて、

「私の身体がわるいのは、病気なのですからしかたがない。お父さまとお母さまとが私をこんなふうにお生みくださったのだから、しかたがない」

と思って、あきらめておられましたが、それでも、心の奥底ではやはり

自分の身体が人なみであればよいと思って、不具の身体で人前に出ることをお嫌いになり、いつも山の中にばかりこもって、獣を追いかけては、それを殺したりして、ますます槍の術や、剣の技を磨いておいでになりました。

ですからしばらくたつ間に、森子さまと林子さまの槍と刀とにかなう者は島中にひとりもいなくなってしまいました。

けれども木子さまは、もう生き物を的《まと》にすることはやめてしまいましたから、それからは、自分で石を投げては、それをすばやく射ちおとしたり、ゆうゆうと風にゆらぐ木の枝のてっぺんの、木の実を射ちおとしたりして、弓と矢でおもしろく毎日を送っていらっしゃいました。

かぶらき島の周囲には、大小さまざまの島が美しく点々とちらばっていて、大きな山や森のあるかぶらき島を取りかこんでいました。そしてその島の間をぬって黒潮というあたたかい海流が流れて、一年中初夏のようなさわやかな気候でした。島には、美しい熱帯風の植物も、ことに島の南の岸には、冬でも咲きみだれ、極楽鳥のような美しい鳥が無数に鳴きあっているさまは、まるで地上天国でした。

そこに住む島の人たちは、もともと気立てのやさしい人びとでしたので、一時三人のお姫さまにならって獣を殺すことが盛んになりましたけれども、木子さまが「生きものを殺すな」とおっしゃってからは、決して生き物をころさず、ただ身体をきたえたり精神をきたえたりすることだけが盛んになり、また弓矢をとって標《まと》を射る技を競いあう人も多くなりました。

もともとこの島には神さまが、太陽と雨とをふんだんにめぐみたもうたので、いろいろの果物がすばらしくよくみのるものですから、島の人たちは不自由なくくらすことができたのですが、むかしからこの群島の北にある火をふく島からは、たびたび海賊がおしよせてきた経験がありますので、そういう危い場合に、何とかして海賊どもを追っぱらわなければならないというので、金光王は島の人びとに、武術をならうことをおすすめになりました。そしてついにある日のこと王さまは、

「三人の姫と技くらべをして、勝った者に、三人の姫のうちのひとりをさしあげて、私はこの島の王さまの位をゆずろう」

と申されました。

4

さあ一大事だというのでかいかいぶらき群島の若者たちはわれもわれもと熱心に槍と太刀と弓矢の練習をはじめましたが、いざという時になって急に練習してもなかなかおいつきません。いよいよ試合の当日になって、島の中央の山の中の盆地に天幕を張りめぐらして、試合を行いましたが、誰ひとりとして、三人のお姫さまに勝つ者はありませんでした。

王さまはしかたなく、これからは毎年二回、太陽がかぶらき島の東の端の「竜の岬《みさき》」のてっぺんから昇る当日に、試合を行って、その試合に勝った者に、お姫さまをさしあげようという約束をなさいました。もちろんその試合では、どうしても三人の姉妹の姫をうちまかさないと、試合にかつわけにはゆかないのでした。

ところがある日のこと、島第一の知恵者である留さんが沖の方を眺めていますと、はるか北の海から、白帆をかかげた見なれぬ船がまっしぐらにかぶらき島を目がけて近よって来るのです。

留さんは一時、これはいつもの海賊船かしらと思って、驚きましたが、なおもよくよく見つめておりますと、どうも、船の様子がいつもの海賊船とちがうのです。この南海の島じまでは見なれない船ですので、急いで金光王にこのことを報告なさいますと、金光王も熱心に北の「星の岬」という岬の突端まで出て来られて、この船をごらんになっていました。

しばらくじっとごらんになってから金光王は、急いで従者に向って、家にかえって木子姫をつれて来るようにと申されました。

従者が急いで「星の岬」から引き返そうとなさいますと、そこへ木子姫が赤い弓と矢をかかえて森子姫と林子姫とともにあらわれてまいられました。美しい髪が潮風にふき乱されるのをおさえながらおっしゃるのでした。

「私がただいま、いつものツバキの木の下で、ちっちゃいリスと遊んでいましたら、お父さまの御心の波が伝わってきて、『海賊船らしいものの正体を見とどけてくれ』とおっしゃるので、大急ぎでやってまいりました。途中、森の中で姉上さま方ともお会いしましたので、御一緒にまいりました」

金光王は喜んで森子姫にすぐさまその鋭い目であの船の様子をみてくれ、そして、木子姫にはその強い弓で、試しの矢をあの船に射かけてくれとおっしゃいました。

森子姫はしばらく船の様子をみつめておられましたが、

「あれは和船《わせん》といって、北の方の大きな国の船です。たくさんの若い男の方が乗っておられます」

と御返事をなさいました。するとただちに木子姫は、赤い大きな弓をとって、それに赤い美しい塗りの長い遠矢《とおや》をつがえて、キリキリとひきしぼり、船の方に射放ちました。

赤い弓からはなたれた赤い矢は、目にもとまらぬ速さでとんで行って、ねらいたがわず、島にむけて進んで来る船のへさきの一番端につきたちました。

船の中から、島の様子をうかがっていた侍たちは、一瞬驚きましたが、やがてそのひとりが赤い矢をへさきから引きぬいて、大きな強そうな若者の前にもってゆきました。この船の頭《かしら》であるらしい若者は二メートル以上もある大男で、赤い矢をとって、ものめずらしそうにしらべていましたが、やがて、自分の大きな大きな弓にその赤い矢をつがえて、無造作にヒュッと射放ちました。

赤い矢はふたたび弧を描いて海をとび、金光王の立っておられる島の見張り台の足もとにつき立ちました。ぼんやり船の方をながめていた留さんはびっくりして腰をぬかしましたが、林子姫はただちにその赤い矢の方に走りよって、それをぬきとり、そのやじりを静かにさわって、

「この弓をお返しになった男の方は、とても強いあらあらしい気性の方で、きっとこの島をせめとるつもりできたのでしょう」

と申されました。すると、木子姫は静かにその赤い矢を林子姫からうけとって、彼女もまたやじりをさわってみて、

「このやじりが熱くなっているのは、その方が強い強い弓をおひきになる証拠ですね」

と言ってにっこりお笑いになりました。

5

しかし留さんは笑いごとではありませんでしたので、金光王と顔を見あわせて、

「それは一大事ですから、さっそく島中におふれを出して、戦争の準備をしなければなりません」

と言いました。王さまもお姫さまもみな口ぐちに、

「それはそうです。さっそく戦《いくさ》の準備をしなければ大変です」

と申されました。そこへ家来たちがおおぜいと、お后《きさき》さまとがいらっしゃって、皆口ぐちに心配そうに、

「大変だ、おおぜいの男がせめてきたが、あれはきっと和光国という国の男たちであろう」

とがやがや話しあっていました。けれども、木子姫は少しも心配そうな様子をなさらず、岬の突端まで歩いておいでになって、熱心に船の近づいて来るのを眺めておられました。海鳥が平和そうに青い海の上を白く飛びかっていました。木子姫はその海鳥をふり仰いだり、またなぎさにおりて御足をぬらしたりしながら、船が近づいて来るのを待っておられました。

島の人びとは、大急ぎで、戦争の準備をするために、島の奥からかけ出してきて、北の海辺のゴツゴツした岩角に陣取って、弓と矢で武装した若者でそこらあたりを固めてしまいました。金光王さまは島中の若者を三つに分け、一隊を槍の隊として、その隊長に森子姫を命じ、一隊を太刀の隊として、その隊長に林子姫を命じ、他の一隊を弓矢の隊として木子姫にその隊をひきいるように命令されました。

この三つの隊の中の弓矢の隊が一番はじめに敵の船を射るわけですが、もしそれでも上陸して来るようなら、槍の隊が彼らをふせぎ、いよいよお城の近くでは太刀の隊が敵をふせぐというのがいつもの作戦でした。島の若者たちがみなそれぞれの部署についたので、島の守りの準備はできあがったのですが、ただひとり、木子姫だけは、部下の弓矢の隊があつまってきても、星の岬から引き返そうともなさらず、なおもなぎさに立って船の方を見つめておられました。

6

そのうち和光国の船はしだいに近づいてきますので、若者たちは木子姫が岬に出ていてはあぶないというので、拝むようにして、もっと奥の岸角のところにかくれて弓矢の隊の指図をしてくださいとたのみました。木子姫は部下のいうとおりに大きな岩のかげにかくれました。

やがて船の中の動きがいちいち手にとるようにはっきり見えてきましたが、木子姫はいっこう弓矢の隊に「射よ」とお命じになりませんでした。

部下の若者たちはうでをおさえてジリジリしていましたが、とうとう船はそのまま「星の岬」についてしまいました。

船からはまっさきに大男の大将らしい青年がとび出し、つづいて三十人ほどの人びとが砂地におり立ちました。彼らは手に手に弓矢をたずさえて大きな太刀を身につけていましたが、別に戦争をしかけてきた様子もなく、ごく気軽に島をものめずらしそうにながめまわして、しだいに弓矢の隊の方に近づいてきました。

今、木子姫が弓矢の隊に「射よ」とお命じになったならば、彼らのうちの幾人かは、二十人もいる弓矢の隊の若者の矢にかかって、砂浜に倒れてしまったことでしょう。けれども木子姫は、いつか夢にみた、こうごうしい姿の御方が、

「生きものを殺してはいけない」

とおさとしになった言葉を思い出して、決して彼らを「射よ」とはお命

じになりませんでした。

そればかりでなく木子姫は、何と思ったのか、今までかくれていた岩の上に急に立ちあがって、赤い弓を高くかかげて、和光国の侍たちの前に姿をあらわされました。今十七歳になられたばかりの木子姫の、赤い美しい衣は潮風にはためき、長い美しい黒髪は風にふかれて、乱れました。

それを見ておどろいたのは、島の若者たちばかりではありませんでした。和光国の侍たちも、突然岩の上に天女のような乙女が立ちあがって、赤い大きな弓を高くかかげるものですから、一同足を釘づけにされて、乙女の方を眺めて動きませんでした。

そのとき、赤い矢を射返した大男の侍は、

「あれがさきほど、赤い矢をわれわれの船に射かけた弓の名手にちがいない」

とさけんで大急ぎで木子姫の立つ岩の下にかけより、手にした大きな弓を高くかかげて大声で言いました。

「私は和光国にその勇名をうたわれた、美奈登玉人《みなとぎょくじん》と申す者です。このたび供《とも》の者三十名をひきつれて、南海の島じまを探検にまいったのです。この島は何という島ですか。そしてあなたさまは、この島の何者ですか」

木子姫は岩の上から鈴をふるような美しい声で申されました。

「私はかぶらき島の木子と申す者でございます。父金光王はこのかぶらき群島の王でございます。さきほどから、船の御様子をうかがっているうちに、きっと海賊どもの攻撃ではあるまいと思い、弓矢を射かけず、お待ち申しあげていたのでございます」

「それはかたじけない。いかにもあなたさまは、この島の王女さまでありましたか。さいぜん、この玉人の船に、赤い矢を射ちこんだのは、さしずめあなたさまでありましょうな」

「さようでございます。そしてその赤い矢を、射返しなすったのは、あなたでございますか」

「いかにもさようです。私は弓矢にかけては天下に敵のない名人です。それにしても、あなたさまの弓矢も、なかなか鋭い矢ですね」

「さあ、どんなものでございますか」

「いや、たしかに、あなたの矢は遠くからねらいたがわず、わが船のへさきのてっぺんに当りました」

「いえ、私の申しますのは、私の矢があなたさまの船に当ったということではありません。それはごく当り前のことですが、あなたさまが天下無敵の弓の名人だということが疑わしいのです」

7

こんなことを岩の上で平然と言ってのける木子姫を見あげていた美奈登《みなと》玉人《ぎょくじん》の顔には、ムラムラと怒りの気配があらわれ、遂に全身真赤になってしまいました。供をしてきた三十人の侍たちも、この時主人公玉人の怒りを感じて、腰の刀に手をかけながら玉人の命令がありしだい岩の上のこのふとどきな娘を切りふせようと身構えました。するとこの時島の若者たちは姫の身の危険を感じて、おのおのかくれていた岩角から頭をもたげて、キリキリと弓をひきしぼりました。

美奈登玉人はさすがに弓の名人だけあって、この時、弓に矢をつがえた二十人の若者が、三方から自分たちをねらっているということに気がつきましたので、今ここで、このままの姿で戦いをいどむのは、ことに未知の島では不利であると悟りましたので、怒りをしずめて言いました。

「よろしい、いかにもあなたの言うように、わたしの名人であることをこの田舎者《いなかもの》たちは知らないであろう。あなたも私の弓の腕前を知りますまい。名人でなければ名人の腕はわからないのだ。和光国では、そなたのような年若い人など侍の相手にはならぬのだが、かぶらき島に来たからには、この島の王女であるあなたの地位にめんじて、今度だけは勘弁してやる。わたしの相手にしたいのは、あなたのような小娘ではなくて、この島の王さまだ。さっそく父の王に、和光国より美奈登玉人という天下無敵の強者《つわもの》がきたととりついでくれ」

　今まで岩の上からキラキラ星のようにかがやく瞳を伏せて、足もとの青年の様子を注意深く見守っていた木子姫は、小麦色の頬をほころばせ、銀の鈴のような声で申しました。

「名人のみ名人を知るとはよく申されました。では父のところへ案内いたしますから、私についておいでなさい」

　木子姫はひらりと岩から飛び下りて、玉人の眼の前に立ちました。玉人は二メートル以上もある大男ですのに、木子姫は、大柄とはいえ一・六メートルくらいの娘ですから、玉人が持前の大力をもって木子姫をひねりつぶせば、ひとたまりもなくひねりつぶすことができたかもしれませんが、何か木子姫の周囲には犯しがたい雰囲気が立ちのぼっていて、玉人たちは、ただだまって、案内されるままに、島の奥に入ってゆくよりほか、しかたがありませんでした。

自分の眼の前を、自分に背をむけて軽やかに歩いてゆく木子姫の、背に負うた矢籠《やかご》の中の赤い美しい妙な形の矢をながめながら、玉人はこの女はいったいどれだけの弓矢の腕前があるので、このように人をくった態度をとるのであろうと思うと、持前の冒険心がムラムラとわき起ってきて、心中ひそかに、

「よし、わしはこの島を征服してやろう」

と思うのでした。しかしそれにはまず第一に敵の様子をさぐることが第一だ。その後いっぺんに、この島の王を降服させて、私がこの島の王となって、この美しい小娘を私の足もとに土下座させてやるのだ！　何と愉快なことだろう！

美奈登玉人は腕がうずうずと高鳴るような興奮を覚えました。

8

やがて玉人たちが案内されてきたのは、この島の中央の山の中に立っている、見はらしのよいお城の前でした。お城といっても、決してりっぱな家ではなく、それは質素な丸太で組みあわされてたててある山小屋ふうの、何となく、明るくなごやかな感じの別荘のような建物でした。

島の若者が先きまわりして知らせたものと見えて、玉人たちがお城に到着した時には、もう城の門は開かれて、金光王とおきさきさまとがわざわざ門口まで出迎えて、にこやかに城の中に迎え入れてくれました。王さまの両側には、森子姫と林子姫とがつきそって、槍と太刀とをもって金光王をまもっていました。

玉人はこれらの城の主《あるじ》たちをジロリと眺めると、持前の大声を出して、

「私はこのたびかぶらき群島に遊びがてら立ち寄った美奈登玉人という者です。わざわざお出迎えくださってありがとう」

王は笑いながら手をさしのべて、

「ようこそおこしくださいました。狭い島ですが、ゆっくり見物してください」

おきさきさまも親しみのこもった御会釈《ごえしやく》をなさいました。しかし森子姫と林子姫とはじっと玉人の顔をみつめたままニコリともしないで、穴のあくように玉人をみていました。玉人も彼女たちの目に殺気を感じたのか、やや身構えて、

「このお娘たちは？」

ときますと、木子姫はすぐ、

「私の姉です。とてもいい方たちですよ、ご安心なさいませ」

と答えましたので、玉人も思わず苦笑いしてしまいました。玉人たちは

肩で風を切るようにして、どうどうとお城の中にのりこんで、奥の見はらしのよい幾つかの客室に案内されました。

9

やがて夜になり、海と山の収穫でおいしく料理されたりっぱなごちそうを充分たべた和光国の侍たちは、三十人とも思い思いの部屋に引きとって、ゴザのようなしきものの上に、長くなって休みました。美奈登玉人はひとりだけ、とくに一室が与えられ、そこはお城でもりっぱな眺めのよい部屋のようでした。

夜、こうこうとてる月が、海の上に金波銀波を散らすのを眺めながら、玉人は、さてこれからどうしてこの美しい平和な島をわがものとしてやろうかと考えると、なかなか寝つかれませんでした。

玉人の直感では、この島でしょうしょう手強《てごわ》いと思われるものは、王の三人の姫だけである。王さまは大変温厚な人であるが、まったく征服欲というものをもっていないらしい。何の力もない王さまだが、ただ何かを求めている様子である。それが何であるかはその時の玉人にはすぐにはわかりませんでした。それに引きかえて、おきさきさまはなかなか心の強い御方であって、もしかすると自分をひそかに殺すようなことがあるかもしれない……とにかく、あの三人の姫たちはかなり武術ができるので、この力をそれぞれ打ちやぶりさえすれば、王は私の前にひざまずくにきまっている。だから、この三人の姫を何とかしてやっつけてしまいさえすればよいのだと思いました。

こうして玉人は心の中でいろいろと計画をめぐらし、ついにその晩はちっとも眠らないで夜を明かしました。だが玉人の頑丈な肉体はすこしも疲れを感じませんでした。

朝になりましたので玉人は、誰よりも早くそっと起き出して、海の見える山の中腹の奇妙な岩にのぼりました。それはお城のすぐ脇に見える岩で、ちょうど獅子《しし》の頭のように張り出しているので「獅子岩」とよばれている所でした。その岩に立ってみると、昨日自分がのりつけた船はすぐ足の下に見えるのでした。そしてここから森子姫はじっと注意深く昨日のすべてのなりゆきをながめていて、父母にその詳しい模様を報告したのでした。

玉人がこの「獅子岩」に立って下をながめた時、この島で、まともに武力をもって立ちむかったのでは、どこにどのような者がかくれているかもしれないという気がしました。だから、どうしても三人の姫を征服してしまうことがまず何よりも肝腎なわけです。

10

次の日、玉人たち三十名の和光国人は、島民の案内で、島のいろいろな景色を見てまわりました。そしてたくさんの美しい花や木や鳥の楽園で半日をすごしました。お城へ帰ってきた玉人たちに三人の姫がかわるがわるあらわれて、美しい舞をまってみせてくれました。玉人はことに一番はじめに見た木子姫が、「剣の舞」という、実にすばらしい舞を、鼓《つづみ》の長い長い霊気のこもった気合に合せて舞うのを見てすっかり感心してしまいました。

次に王さまは、玉人にも何か芸を見せてほしいと申しこみました。玉人は何も芸らしい芸も持ちあわせてはいないが、武芸ならおみせしてもよいと申しますと、王さまは、

「それでは、あなたの国のりっぱな武芸を見せてください」

と申しました。そこで玉人は、

「それならば私と槍と剣と弓矢で試合する者を三人お選びください。その三人の方を私はたちどころに負かしてごらんにいれましょう」

と申しました。王さまとおきさきさまとは、しばらく何か御相談なさっておられましたが、

「実はわがかぶらき島では、剣と槍と弓矢が一番上手なのが私の娘たちなのです。それで、あなたと試合をするということになると、みな私の娘たちが出ることになるのだが、それでは少しどうかと思うのです」

「いや、まことに結構です。私もこのかぶらき島にきたからには、和光国の習慣をやぶって、大いに御婦人に敬意を表して、お姫さま方と試合をしてもよろしいと思うのです。ただ、私の槍も剣も弓矢もあまりにも鋭いので、ひょっとするとお姫さま方の生命にかかわるかもしれませんが、それは覚悟してください」

　王さまは「姫の生命にもかかわるかもしれない」と言われたので非常に驚いておられましたが、姫たちのすぐれた腕前に自信がありましたので、この試合をひきうけることにきめました。

玉人は三人の姫と試合ができるならば、かならず姫たちを自分の足もとにひざまずかせて、王さまにすべての権力をすて、自分に従わせることができると確信して、ひそかに大喜びでした。

だが一方森子姫も林子姫も大喜びでした。なぜなら、林子姫はそのするどい鼻によって、すでに玉人がこの平和なかぶらき島を征服しようという野心をいだいていることを嗅ぎつけましたので、これを一刀のもとに切りすてようと考えていたからです。林子姫がこのことを森子姫と木子姫とに告げますと、森子姫は非常に喜んで、

「まず私が玉人を槍でしとめよう」

という意味を手まねで言うのですが、木子姫はかなし気な顔をして、

「それはいけないことですわ。神さまは私に、どんな者でも殺してはいけないとおっしゃいましたもの」

と申しました。林子姫は強い言葉で、

「でも、玉人は悪い人で、この平和なかぶらき島をのっとりにきた人ですもの、これを殺すことは正しいことにちがいありません」

と申しました。木子姫は姉君の言われることにも一理はあると思うのですが、どうしても心の奥底から、そのような恐しい殺しあいを「正しいことだ」と認めてしまうことはできませんでした。そうかと言って、もし自分たちが油断をしておれば、玉人が本当に悪い人であったなら、島のすべての人びとは殺されてしまうことになるかもしれないと思われるのです。どちらにしても誰かが殺されなければならないのだろうか。こんな世の中が本当の世の中だろうかという疑問がわいてきて悲しくなりました。

11

木子姫には何かそのような殺しあいの世界からのがれ出したいという気持がつよくわきあがるのでした。しかしどうしたらそんな世界からのがれることができるだろうか。たとえもし自分だけがこの島から逃げ出しても、残された父母や姉や島の人たちは相変らず殺しあいの世界に住んでいるのであれば、自分だけ逃げだすことによっては、この問題は解決できないと思うのです。

木子姫は悲しくて悲しくてしかたありませんでしたので、夜中に、つっと寝床からぬけ出して、山奥の大きな木の下に坐って、じっと手をあわせて神さまに祈りました。このようにして神さまを心に念じると、きっと神さまの御声がきこえてきて、いつもすばらしい導きが与えられていたのです。木子姫の閉じたまぶたからは、大粒の涙が流れ落ちました。なぜと言って、木子姫は玉人をひと目みた時、この人は決して悪い人ではないと思えたからです。それだのに姉たちの言うことを信ずれば、玉人は悪人だということになります。木子姫はこのとき、どのように信じてよいのかわからなくなって泣いてしまいました。

けれども、そうやって泣きながら、神に祈っておられましたとき、神さまは木子姫に、おやさしい声で、お告げになるのでした。

「争いの世界をみてはいけません。世の中に悪い人なんかひとりもいないのです。生命ある者を殺してはなりませんよ。生かしあいなさい」

木子姫は、そのおごそかな声をきいてさけびました。

「ああ、神さま、私も、そのような世界を信じます。神さまのおつくりになった世界は、きっとそのような生かしあいの世界にちがいありませんもの」

木子姫は、その夜、ひとばん中、そうやって神に祈って、神の国のすばらしさをほめたたえていらっしゃいました。

12

いよいよ試合の当日になりましたので、山の盆地には島の住民たちが全部あつまってきて、この島の運命を決する試合をながめました。島の上には海の鳥たちもとびかい、カラスたちも集りました。

まず第一に槍の試合をやることになって、森子姫がむらさきの衣に白木《しらき》の長柄《ながえ》の槍を二本かかえてまいりました。槍はけいこ用の槍で、先はとがってはいないのですが、強力無双の玉人にかかっては、そのけいこ用の槍でつかれても死んでしまうかもしれません。それがよくわかるのですから森子姫も林子姫も、どうしても勝たねばならないと思いました。

いよいよ双方が別れて、同じような槍をもって、玉人と森子姫とが相対しました。林子姫はその時、くさい死人の臭いをかいだように思って、ぞっとしてふたりを見なおしました。ふたりのどちらかが死ぬのであると思いましたが、もう試合をとめることはできませんでした。

次の瞬間、やっという気合とともに、双方が槍を同時にくり出したのですが、どうしたことか、倒れたのは森子姫だけでした。森子姫もたしかに玉人をついたのですが、女の力では大男の玉人をつき倒すことはできませんでした。

倒れた森子姫は二度と起きあがってはきませんでした。

おそろしいさけび声が島の人の間からわき起りました。それは自分たちの王の娘を殺された恐怖のさけび声でした。

続いて林子姫が片手に木刀をもって登場した時、人びとはこんどこそと思ってせいいっぱいの期待のさけび声をあげました。玉人は以前と同様に、みずから同じ二本の木刀の中の一本を選ぶと、ほかの木刀を林子姫がとっておたがいに別れて身構えました。

その時、林子姫の鋭い鼻には、再び、あのいやな死臭がただよいました。一瞬、死の恐怖が彼女をおそいました。そのとたん玉人の木刀がうなりを生じて林子姫の頭上に振りおろされました。林子姫は片手の木刀でそれをうけとめましたが、強力無双の玉人の木刀はそのまま林子姫の木刀をたたき折って、姫の頭に切りこんでしまいました。林子姫はそのまま草の上に倒れて、再び起きあがることはできませんでした。

群衆はどよめき、泣きさけび、金光王とおきさきさまとは、座席を立って、よろめくように場外に出ておしまいになりました。

太陽は血のように赤くそまって、じっと山の樹かげにかかって、あたりの空気は赤黒くよどんでいました。

真昼の島にはなき声を発する鳥も獣《けもの》もいませんでした。

13

そのとき、木子姫は、場外に走り出て、父母のあとを追おうとなさいましたが、木子姫の前に立ちふさがったのは三十人の和光国の侍たちでした。彼らは口ぐちに、

「今度は、いよいよあなたさまの番ですよ」

と申しました。木子姫は、静かに目をつぶって、今までの恐しい光景を頭からはらいのけるようにして、静かな木の下に坐って神さまにお祈りをささげました。するとそのとき、神さまのおごそかな声がきこえてくるのでした。

「殺す者は殺されるし、生かす者は生かされる。愛する者は愛されるのだ」

木子姫は思わず立ちあがって、空をふりあおいで、さけびました。

「殺す者は、殺される、生かす者は生かされる、愛する者は、愛される！」

銀の鈴をふるような木子姫の声が玉人の心をつよく打ちました。玉人は勝ちほこった顔をして、試合場のまんなかにつっ立っていましたが、木子姫の声に思わず背すじに水をかけられたような気がいたしました。

「何を馬鹿な！　弱い者が負け、強い者が勝つんだ！　これがこの世の中だ！」

と心の中でどなり返しましたが、木子姫のさけんだ、「殺す者は殺される！」という声がどうしても耳からきえ去りませんでした。

「今、私は、ふたりの姫を殺したのだ。しかも父母の見ている目の前でやっつけた！」

「殺す者は、殺される！」

「殺す者は、殺される！」

玉人はこの声をはらいのけようとして大声でさけびました。

「さあ、最後の試合をいたしましょう。今度は木子姫、あなたの番ですよ。ぐずぐずしないで早く弓と矢をおとりください」

木子姫は立って赤い弓と、赤い矢とをもって、玉人の前にあらわれて言うのでした。

「玉人さま、この試合は、もうこれでおやめになった方がよろしゅうござ

います わ」

「それはまた、なぜですか。さすがあなたは女だけあって、姉上方の死を見ておじ気づかれたのですね」

「いいえ、決してそうじゃございません。神さまが私に、『殺す者は殺される、生かす者は生かされる、愛する者は愛される』とお教えくださいました。ところが私は、神様に教えられてからずっと、何一つ殺しておりませぬ。私はただ一すじに、生き物を生かし、人々を愛してまいりました。ところがあなたさまはどうでしょう。今私の目の前でふたりの姉上を殺されました。『殺す者は殺される』のですもの、この試合を、もし、このままおやりになれば、あなたはきっと誰かに殺されておしまいになります。そんなこと、私にはとてもたえられません。この上、殺しあいがこの島で行われてよいものでしょうか」

「ちょっとまってください。それじゃ、あなたが、あなたのそのかわいらしい赤い弓と矢をもって、私を殺すとでもおっしゃるのですか」

「いいえ、そういう意味で言っているのではございません。私は誰も殺しませんせん。私は誰も殺しませんが、あなたさまが殺されておしまいになるのですもの」

「何を馬鹿げたことを！　あなたと私とが試合をして、あなた以外の誰が私を殺すのですか」

「それは……法則《おきて》があなたを殺しますわ」

「何ですって？　法則《おきて》が私を殺すとおっしゃるんですか」

「なぜだかしらないけれども、ただこのままではあなたは死んでおしまいになります。だから、試合をしてはなりませんわ。どうかおやめになってくださいませ」

「何を言うんです。今ごろになって試合をやめろとは何ごとですか。私は絶対に試合をやります！　さあ、その真赤な弓と矢をおとりください！」

14

木子姫はつぶらな瞳に涙をうかべて玉人に言うのでした。

「じゃ、どうしても試合をなさると、あなたさまはおっしゃるのですね」

「そうですとも！」

とおごりたかぶって玉人は言いました。

「どうしても？」

「どうしても！……だが、もしあなたが本当に負けたと言って、今ここで、地に手をついて私におあやまりになるのなら、試合をしないで勘弁してあげてもよろしいのです。どうです、今ここで、私の前に手をついてあやまりますか」

木子姫はしばらくうつむいて考えていましたが、やがて、決然としてこう申しました。

「では、しかたがありませんわ。試合をいたしましょう。けれど、あなたはかぶらき島の戒《おきて》にしたがって、弓矢の試合をなさらなければなりませんわ」

「それはどういう意味ですか」

「それは、かぶらき島での弓矢の試合は、おたがいに標《まと》を定めて矢を射あうのです。そして最初に標《まと》を射そんじた人が負けとなるのです」

「なんだ、そんなことならわけはないことです。もちろんそれはわれわれだってやらぬ方法じゃありません。その方法でやりましょう」

　このようにして木子姫と玉人とは、同じところに立って、いろいろな目標に向って矢を放ちました。動かない目標はどんなに小さくてもふたりが当てますので、玉人は飛んでいる鳥を射ようと申しこみました。しかし木子姫は、鳥に当ると鳥が死んでかわいそうだから、鳥の代りにカワラケ投げの名人にカワラケを投げてもらってそれを射ようと申しました。ふたりはカワラケが空中にとび出すのをつぎつぎに射おとしました。かわりばんこにカワラケが空中をとぶのを射おとすのですが、ついには四人のカワラケ投げが同時に投げ出したカワラケを、目もとまらぬ早わざで矢をつがえて木子姫も玉人もつぎつぎに射おとしてしまいました。

次には馬にのって、カワラケの飛ぶのを射おとしました。次には馬に立ってカワラケを射おとしました。しかしふたりの技はあまりにもすぐれていますので、どちらも失敗することがなく、やがて日がくれてしまいました。しかもこのすばらしい競射会の間に、今までの恐しい殺気のみなぎった試合が、楽しい名人の技をきそう競技会に変っていましたので、ついにふたりの技は今日は引き分けということになって、この会を終ることになりました。

やがて日の暮れた山道を、人びとはぞろぞろと自分の家に向けて帰ってゆきました。ただ王とおきさきさまと、木子姫とは、森子、林子の二姫のなきがらを葬《ほうむ》るため、夜通し山の中に立ちつくして、夜の白《しら》むまでいっしんに姫たちの魂の救いを神にお祈りしていらっしゃいました。

　森の中では、いつまでも、この大きな悲しみをつつんだ人びとの周りにあかあかとかがり火が燃えていました。

　いったん城に引きかえした玉人も、チラチラもれてくる森のかがり火に心を魅《ひ》かれて、夜中にそっと部屋をぬけ出してきてみますと、そこでは王とおきさきと木子姫と家来たちが、いっしんに神に対して祈りをささげ、姉姫の霊を弔《とむら》うお経を読んでおられました。そのこうごうしい姿をごらんになった時、玉人は思わず顔をおさえて地べたに泣きふしてしまいました。

　玉人の指の間からは懺悔《ざんげ》の涙が流れおちました。自分がただ自分の名誉心のためにたたき殺した人の家族たちが、こんなにも悲しみあって、その霊魂《たましい》によびかけているという事実を見て、今までのすさみ果てていた玉人の心が、人間の愛に目ざめてきたのでした。

15

それからしばらく月日が流れました。玉人たちはかぶらき島をのっとる計画をすてなければなりませんでした。彼らはそこではじめて人間の愛の尊さにうたれたのでした。金光王一家は、ふたりの娘を殺されても、玉人に対して復讐《ふくしゅう》をしようとはしませんでした。彼らはただ、玉人があまりに強力であったために、あやまって娘を殺したのであると、善意にのみ解釈してくれました。玉人は、この愛ふかい親子に対して、自分のおかした罪のつぐないをしてからでなければ、この島を去ることはできないと思うのでした。

ではどうしたら罪をつぐなうことができるのであろうかと考えました。そして罪のつぐないということについて深く考えなやみました。

「自分はふたりの姫を殺したのであるから、自分も二度生命を断たねばならないであろうか」

とも思ってみました。しかし二度自分の生命を断つことがたとえできたとしても、死んだ姫の父母の悲しみをいやすことはできないではないか。そうすればやはり自分の罪はあとにのこるわけです。玉人はこの苦しみをついに木子姫にうちあけて、何とかして自分の罪をつぐなう方法はないだろうかとたずねました。木子姫は、その時、

「私にはわかりません。けれども、神さまにおききなすったらよろしゅうございます」

と答えました。どうやって神さまにきくのですかと玉人が尋ねた時、木子姫は神に対してどうやって祈るかということをくわしく教えてくれました。

木子姫は、神は全智全能であるといいました。だから、神に自分の心を

ふりむけて、神の心をわが心とした時、神と同じ全智全能をわれらもまたあらわすというのです。木子姫は、玉人に、神は愛であるから、人間が神の愛を実行したならば、もはやそこに罪もけがれもなく、ただ愛すなわち神のみがましますのであると説きました。だから、玉人よ、あなたさまの罪の心をうちけすものは、「愛を行う」よりほかにはないのですよと木子姫は言いました。

16

そうだ、「愛を行う」のだ。ひとさまのために捧げ切る愛を行うのだ――と玉人は決心しました。彼は金光王とおきさきとに心から奉仕したいと申し込みました。何でもして働きますからと言ってほかの三十人の人びととともに、いろんなことをして島の生活をよくするための御手伝いをしました。そして毎日毎夜真理の経文《きょうもん》をよんで、死んだ森子林子両日女《ひめ》の命《みこと》の霊《みたま》に供養しました。

だがそれにもまして玉人の心を去らぬ思いは、木子姫に対する愛でした。玉人は愛の化身の木子姫によって救われたと思ったものですから、木子姫を自分の生命よりも大事にして仕えました。

ある日、金光王とおきさきさまとは玉人をよんで言うのです。

「私は以前約束したことがあるのですが、それは、島の誰でも、私の姫たちと試合して勝った者を姫の婿《むこ》として、私のあとをつがせるということだったのです。ところが今、あなたは姫たちを試合で負かしたのですから、今はたったひとりの木子姫の婿となってもらいたいのです」

玉人はとびあがって驚きましたが、それは同時に歓びでもありました。しかし考えて見ると、玉人にはそんなことはとてもできないことだったのです。そこで彼は、

「私はふたりの姫さまには勝ちましたけれど、木子姫さまには完全に負け

ました」

と答えました。

「そんなことはない、引き分けであった」

と金光王が申されますと、玉人は、

「いいえ、それは形の上での話です。私はこの島に上陸した最初から、今にいたるまで、木子姫には負けつづけています。精神の上でも、また魂の上においても」

玉人は、岩角に立って赤い弓をかかげた、木子姫の初対面の姿を思いうかべるだけで、涙がこぼれました。

「尊い、気高い、そして世にもまれなる美しいお方である。私はこの姫君のために一命をささげよう」

と決心しました。

17

このようにしていつの間にか二年の歳月が流れてしまいました。今や十九歳におなりになった木子姫は輝くばかり美しく気高くおなりになりました。木子姫はよくなぎさに出て、家来たちに石をなげさせて、赤い弓で、赤い矢をおひきになりました。そしてその時たいていは玉人がおともをして、その強い弓を射て、姫君の御相手をなさっておられました。

またある時は、船出して、遠く群島の島じまをめぐり歩いて、夕方真赤な夕日を背にして帰ってこられることもありました。弓の名手ふたりの乗りあわせた船は、どの船よりも強く、どんな海賊も、この船をくつがえすことはできないであろうと思われました。木子姫さまは、玉人の弓と勇気と知恵とをほめ、玉人はお姫さまのすべてをほめちぎり、さらにふたりはつねに神をほめたたえていました。

そしてある時、一そうの船がかぶらき島に近づいたのを発見した時、玉人は、はっと胸をつかれる思いがしました。思ったとおりその船は、和光国から行方不明になっている美奈登玉人をさがしにきた役人の乗った船でした。玉人は侍でしたので、和光国の主人公のお召しであればかぶらき島を立ち去ってゆかなければならない身の上でした。しかし玉人はこの島を離れることをことわりました。彼は一生をこの島で金光王一家に仕えて終るのだと役人に言いました。役人たちはおこって玉人の三十人の部下だけをつれていったん引きかえしましたが、またもや一年後に和光の船がかぶらき島を訪れました。

船からおりた和光国の役人は、玉人の国に残した年老いた母の手紙をもってきて、玉人に示しました。玉人は涙を流してその母の手紙によみふけっていましたが、その夜、玉人は金光王とおきさきさまの部屋で泣きながら、母が病気であると訳を話して、しばらくのおひまをいただいて和光国へ帰してほしいとうったえるのでした。金光王は、もう年老いていらっしゃいました。王は玉人こそ、この島のあとをつぐべき人だと思っていましたのに、今その玉人に去られてはたまらなくさびしいのです。

金光王は、

「母上が病とあらばしかたがないが、母上の病が治ったならば、またこの島へ帰ってきてくれるであろうか」

とお尋ねになりました。おきさきさまも泣いておられました。玉人は、きっぱりと申しました。

「かならずかならず、この島へ帰ってまいります」

金光王さまはその返事をきいて、やっと安心して玉人を手ばなす心におなりになりました。

18

やがて玉人をのせた和光国の和光丸は、帆を高くかかげて島を離れました。玉人は住みなれた緑の島をいつまでもいつまでもなつかしく眺めていました。なぎさまで送ってきてくれた島の人びとはみな玉人との別れをおしんで泣きました。一段高い岩角に、そう、かつて玉人がはじめて木子姫さまをみた、あの岩に木子姫さまは今日もまた立って、赤い弓をもって見送っておられました。玉人は木子姫さまのお姿を拝すると涙がとめどなく流れました。姫さまの、黒い、長い髪が、そしてもすそが、風にはためいていました。それは、ちょうど三年前の、あの時と同じようでした。玉人は大弓をうちふりながら船にのりこみました。船は風をうけ帆をあげて、スルスルとすべり出ました。しだいに島影が小さくなってゆくのでした。

その時、一本の赤い矢が、ヒュッととんできて、和光丸のともに立っている玉人の足もとふかくつき立ちました。玉人はその赤い矢をぬきとると、それを自分の弓につがえました。キリキリとひきしぼって、今にも矢をはなそうとした時に、玉人の腕からは力がぬけて、玉人はそのまま弓と矢を下におろしてしまいました。玉人はついに、木子姫の「赤い矢」を射かえせませんでした。その「赤い矢」に別れることができなかったのです。

玉人が和光国へ帰ってから一年たち、また二年たちました。約束の時がきても、玉人の船は二度とふたたびかぶらき島を訪れはしませんでした。二年待っても、三年まっても、ちょうど赤い矢が、木子姫のところに再び帰ってこなかったように……。

三年たったある日、一そうの小舟が、やはり星の岬から静かに沖に向って離れてゆきました。その小舟には、美しい木子姫が乗っておられたということでした。小舟は北へ北へとすすんで行って、やがて見えなくなってしまいました。

木子姫が無事に和光国へ着いたかどうか、あるいは、和光国で無事に玉人にめぐりあえたかどうかは、誰も知りません。しかし月日は容赦《ようしゃ》なく経って、それからまた三年たちました。

さらに五年たちました。

金光王とおきさきはもうしらがめっきりふえてまいられました。

金光王はさびしい思いで暮しておられましたが、やがて老衰の床にふしてしまわれました。

年とった留さんが、金光王の最期の脈をとっておられ、おきさきさまが看護しておられたとき、「星の岬」のところには音もなく一そうの和船がたどりつきました。そしてその船からは美奈登玉人と、美しい木子姫とが、ころがるように走り出て、お城の方に走ってゆきました。

待ちにまった玉人と木子姫は、やっとかぶらき島にかえっていらっしゃいました。そしてそれからもう、木子姫たちはどこへもゆかれず、この島で幸福な一生をおえられたということであります。

新世紀へのメッセージ〈完〉

新世《しんせい》紀《き》へのメッセージ

平成13年9月15日　初版発行
平成14年1月15日　再版発行

著　者　谷《たに》口《ぐち》清《せい》超《ちよう》

発行者　岸　重　人

発行所　株式会社　日本教文社

〒107-8674　東京都港区赤坂9丁目6番44号
電　話　03(3401)9111(代表)
03(3401)9114(編集)
ＦＡＸ　03(3401)9118(編集)
03(3401)9139(営業)

頒布所　財団法人　世界聖典普及協会

〒107-8691　東京都港区赤坂9丁目6番33号
振　替　00110-7-120549

乱丁・落丁本はお取り替えします。
定価はカバーに表記してあります。

電子組版　レディバード
印刷・製本　光　明　社

ISBN4-531-05220-X

本書の本文用紙は，地球環境にやさしい「無塩素漂白パルプ」を使用しています。

―谷口清超著――――――――――――日本教文社刊―

¥1200 〒310 明るく楽しく生きましょう ―人生問答集4―	環境問題、臓器移植問題、教育問題、病気、信仰姿勢に至るまで質問者の多種多様な質問に、的確な解答を与える、練成道場ならではの臨場感溢れるQ＆A。
¥1200 〒310 大道を歩むために ―新世紀の道しるべ―	人類を悩ます、健康、自然環境、経済、外交等の様々な問題を克服する根本的指針を示しながら、束縛も制約もない広々とした幸福の「大道」へと読書を誘う。
¥600 〒180 さわやかに暮らそう	心美しく、もっと魅力的な女性になりたい人に贈る、持ち運びやすいコンパクトな短篇集。日々をさわやかに暮らすためのヒントを示す。
¥1200 〒310 幸せはわが家から	「幸せ」とは、正しい人間観に則って家族同士が愛し合い、尊敬し合うとき実現する事を、親子、夫婦、社会等をテーマに、体験談を織り交ぜながら詳解する。
¥1200 〒310 美しい国と人のために	自国を愛し、世界に貢献できる国造りをするためには何が必要か。多角的な視点から国際化の中の日本と日本人のあり方を示す。―著者傘寿記念出版―
¥1200 〒310 愛と希望のメッセージ	叡知に溢れた言葉の中に、癒され、勇気づけられ、希望の火を点す真理が輝く。希望実現の人生を築きたい人に贈る、深い愛に溢れた75のメッセージ。
¥1121 〒310 本当のことが知りたい	神様とは？　人間とは？　死んだら？など、真理を体得する過程で生まれる素朴な疑問に、体験談を織り込んでやさしく解答する青年のための真理入門書。
谷口清超原作　西岡たかし画　¥968 〒310 谷口清超童話コミック 赤い弓と矢の話	南の島を舞台に繰り広げられる愛と冒険の物語「赤い弓と矢の話」と、お爺さんと孫姉弟の愛と祈りの素晴らしさを描いた「黄色い燈台」の劇画２作を収録。
上巻¥3500 〒380 中巻¥4100 〒380 下巻¥4230 〒380 新草の巻・拾遺¥2850 〒340 正法眼蔵を読む	生長の家総裁法燈継承記念出版。道元禅師不朽の名著の真義を、実相哲学の立場より明快に説き明かした著者畢生の書。仏教の神髄に迫る。谷口雅春大聖師絶讃。

・各定価，送料（５％税込）は平成14年１月１日現在のものです。品切れの際は御容赦下さい。
小社のホームページ　http://www.kyobunsha.co.jp/
新刊書・既刊書などの様々な情報がご覧いただけます。